La Botica de la Abuela

✳ ✳ ✳

Cosas buenas de toda la vida
Remedios para curar de forma tradicional

© Keinu Producciones, S. L., 2003
© Editorial Planeta, S. A., 2003
  Diagonal, 662-664, 08034 Barcelona (España)

Este libro, basado en los contenidos del programa de televisión
«La Botica de la Abuela», ha sido concebido por el equipo
de Keinu Producciones, S. L.:
    Dirección creativa: Maxi Gutiérrez
    Revisión de contenidos: Teo González y Gontzal Mendibil
    Fotografía y composición digital: Francisco García
    Iluminación: Félix Guede
    Consultor editorial: Tomás Mata

Realización editorial: Critèria sccl
Dibujos e ilustraciones: Cristina Müller-Karger
(Ilustración campanita: Paula Leiva)

Primera edición en esta presentación: octubre de 2003
Depósito Legal: NA. 2.486-2003
ISBN 84-08-04944-5

Impresión y encuadernación: Gráficas Estella S. A.
Printed in Spain - Impreso en España

LA BOTICA DE LA ABUELA

Cosas buenas de toda la vida
Remedios para curar de forma tradicional

Planeta

Sumario

LA BOTICA
DE LA
ABUELA

El legado de nuestras abuelas

Un puñadito de sal, un caldito y miel de azahar, remedios para curar de forma tradicional; así irrumpe diariamente *La Botica de La Abuela* en nuestras casas. Sabiduría natural, jovialidad y entusiasmo es lo que nos ofrece a través de la pantalla televisiva nuestra abuela Inés con su saber hacer experimentado en años de dedicación y entrega. El afán y rigor de Pedro, y la mesura fértil de la dietista Gemma hacen del programa una ventana reconfortable para nuestros cuerpos y almas, enseñándonos y alegrándonos un poquito más nuestros mediodías.

"La vida se puede y se debe tomar a broma, pero las cosas de la vida hay que tomarlas muy en serio", dice afablemente nuestra abuela. Y así es, la vida es para disfrutarla cada momento, es para vivirla al máximo, cantar, divertirse y recrearse, que todo ello es salud, pero, ¡amigos!, esos cuidados mínimos, esos detalles como la alimentación o el ejercicio, que muchas veces olvidamos, pueden ser soluciones definitivas, y nos pasarán factura, si los vamos descuidando.

Este libro será una buena guía de información para mejorar la salud y disponer de los ingredientes más eficaces para solventar algunas dolencias o males de nuestros días. Lo hemos diseñado de una manera útil y práctica, ofreciendo las mejores recomendaciones, consejos, trucos y curiosidades, poniendo a tu disposición parte de los contenidos del programa que ves a diario. El libro nos desvela los secretos y conocimientos de nuestras abuelas, esa larga historia enraizada en la tradición cultural, adaptada a nuestros tiempos modernos y presentada de una manera cercana y familiar.

Quiero enviar un recuerdo y una gratitud especial a nuestros fieles seguidores del programa que nos ven diariamente por TVE. Sois miles los que nos habéis escrito: vuestras preguntas, sugerencias y opiniones nos ayudan a elaborar un programa como el de *La Botica de La Abuela*, que ya es de dominio popular.

Asimismo mi agradecimiento a TVE por el interés hacia el programa que día a día se convierte en un clásico, y a la estimable y necesaria ayuda de MAPFRE que siempre ha confiado en el buen hacer de *La Botica de La Abuela*.

Queridos amigos, este es un libro hecho con detalle. Le hemos querido imprimir belleza, porque un libro bello no caduca y siempre suscita atención. Pero nuestra intención no es el embalaje, sino buscar en lo esencial.

"Acudir a la naturaleza" decimos en *La Botica de La Abuela*; ella es el bálsamo de nuestros males y la meta de nuestros anhelos. Las propiedades curativas de las plantas, de los frutos, de las bayas, del agua, del aire y de la tierra están al alcance de todos; son la fuente de la vida, de la salud y de la eterna juventud.

Gontzal Mendibil
Creador y director de *La Botica de la Abuela*

Cosas buenas de toda la vida

Atesorando el saber popular utilizado desde tiempos antiguos, La Botica de la Abuela ofrece remedios transmitidos de generación en generación para aliviar dolencias y vivir mejor. Se inspiran en los principios de la Naturaleza y son fáciles de preparar.

Desde siempre

Nuestros antepasados conocían muy bien los secretos de jarabes, cocimientos, caldos, inhalaciones, tinturas, colonias o cremas. Se preparaban en todas las casas para aliviar las dolencias cotidianas y sentirse mejor. Nuestras abuelas tanto elaboraban un perfume para la piel, como preparaban un licor para la digestión. Por eso estos remedios siempre evocan un sentimiento cálido y familiar, que cautiva tanto a jóvenes como a mayores, a hombres y a mujeres. Su forma de curar es natural y su elaboración sencilla y artesana. Sólo se necesitan unos pocos ingredientes básicos y utensilios que se encuentran en todos nuestros hogares. Con ellos prepararemos hoy unos remedios tan útiles como antaño.

Ingredientes sencillos

Nuestra cocina es un auténtico botiquín. Muchos productos que usamos a diario poseen propiedades curativas que se han descubierto con el uso y el paso de los años. Por eso en *La Botica de la Abuela*, el agua, el ajo, el limón, la miel, la manzanilla o la ortiga —por citar sólo algunos— se convierten en auténticos protagonistas.

Paso a paso

Este libro nos muestra cómo mezclar, filtrar o destilar los ingredientes, para obtener el máximo beneficio de cada remedio. Para ello se han de preparar con atención, paso a paso, respetando proporciones y procedimientos, siguiendo siempre las normas básicas de higiene. Si se hace de este modo, los ungüentos que alivian la inflamación o las infusiones que relajan nuestro cuerpo surtirán el efecto deseado.

Cuándo, cómo y dónde

Tan importante como preparar los remedios, resulta su buena aplicación. "La experiencia es buena ciencia", decían nuestras abuelas, y es importante seguir las indicaciones de uso para cada remedio. A partir de ahí, el tiempo y la práctica serán nuestros mejores consejeros.

Salud, belleza y armonía

❋ **El deseo de La Botica de la Abuela** es aportar salud, belleza y armonía a partir de estos consejos y remedios de toda la vida. A buen seguro aliviarán dolencias y ayudarán a que nosotros y nuestras familias nos sintamos mejor, pero en ningún caso han de sustituir las indicaciones y prescripciones del médico o especialista.

La botica de la vida

En la antigüedad se decía que cada gesto que uno hace altera el orden de las cosas. Así pues, hagamos grandes los pequeños momentos de la vida: eso también es salud, bienestar y felicidad.

Alegría, la mejor medicina

Las ganas de vivir y el sentido del humor son garantía de buena salud. El "no calentarse la cabeza" o "no poner los gallos a pelear", como decían nuestras abuelas, nos evitará muchas dolencias. Una actitud alegre y calmada es saludable para nosotros y para quienes nos rodean.

Voluntad y disciplina

Sin voluntad, esa fuerza interior que nos lleva a hacer las cosas, somos como árboles sin savia. Hay que nutrirse interiormente para armarse de voluntad y afrontar la vida con espíritu creativo. Marcarse pequeños retos y metas es un buen entrenamiento para desarrollar la voluntad. Asimismo, la disciplina está en la raíz de los grandes logros del individuo; sin ella no hay superación ni éxito. Una vida sana está también en los hábitos y actitudes con que construimos nuestro día a día.

No estamos solos

A menudo, vivimos juntos pero no nos comunicamos. Echamos la culpa al televisor, al cansancio o al estrés, pero la causa principal es que no prestamos la debida atención a quienes comparten la vida con nosotros. Qué importante es saber escuchar, participar de las dichas y de las desdichas de cuantos nos rodean. Dediquemos tiempo a los que viven con nosotros.

La risa cura

"Cuando el abad está contento, lo está todo el convento", dice el refrán. La risa es una gran curandera: te devuelve las ganas de vivir. Puede ser una de las mejores medicinas contra la hipertensión. Los expertos en risoterapia aseguran que al reír desciende la producción de adrenalina y tiroxina, dos hormonas que afectan a la presión arterial.

Buenos hábitos diarios

❋ Recién levantados, hacer algunos ejercicios de estiramiento muscular y varias respiraciones profundas.

❋ Dedicar algunos momentos del día a nosotros mismos: unos minutos para meditar y ordenar la mente, pequeñas pausas en el trabajo, al menos un paseo diario, un baño relajante, etc.

❋ Una siesta corta, de unos minutos, reactiva el cuerpo y la mente.

❋ Decían nuestras abuelas: "levantarse con el gallo y acostarse con el cordero". Las horas dormidas antes de las 12 de la noche valen por 2, mientras que las posteriores, la mitad.

❋ Y no olvidarse de sonreír.

Una alimentación sana

La base de una nutrición adecuada es tomar una amplia variedad de alimentos que se complementen entre sí y que proporcionen los nutrientes básicos para el mantenimiento del organismo. Nuestro cuerpo y nuestra mente saldrán ganando.

Dieta mediterránea

La dieta mediterránea, considerada la más equilibrada y sana del mundo occidental, ayuda a prevenir enfermedades y problemas de corazón. Consiste en un consumo de alimentos basado en el aceite de oliva, fruta y verdura a diario, legumbres, más pescado que carne y un vaso de vino diario.

La paradoja francesa

Según las estadísticas, los franceses padecen menos enfermedades cardíacas que el resto de ciudadanos europeos, pese a consumir muchos alimentos ricos en grasas y ser grandes fumadores. Una de las razones se encuentra en su consumo de vino, un estimulador de los vasos sanguíneos.

Ideas para tentempiés

✳ **Existen unas cuantas sugerencias para vencer la ansiedad** y evitar esos ataques de hambre que dan al traste con nuestros esfuerzos por comer equilibradamente. Por ejemplo, tomar un yogur o un vaso de leche desnatados, acompañados de semillas de sésamo o de lino. Otra opción es un poco de requesón con compota de manzana, o unos cuantos frutos secos al día. También puede masticarse zanahoria o apio, o consumir frutas no muy dulces: piña, naranja, sandía, manzana, etc.

Comer verdura es comer con cordura.

DICHO POPULAR

Otra causa, según los investigadores, son sus horarios de comida: comen a las 12 del mediodía y cenan a las 8. En efecto, consumir a una hora temprana la mayor parte de la ración diaria de calorías y dejar pasar un intervalo más largo entre una comida y otra ayuda a metabolizar mejor las grasas, a producir insulina y a mantener la fluidez de la sangre, factores clave para conservar en buen estado el sistema cardiovascular. Además, una mayor actividad física entre comidas puede disminuir el riesgo de contraer enfermedades cardíacas.

Come PANA para el corazón

Las pipas de girasol, el ajo, la nueces y la avena son aliados de nuestro corazón: lo ayudan a funcionar mejor y previenen enfermedades vasculares. Para recordarlos, se toman las letras iniciales de cada uno de estos productos, que forman la palabra pana.

Indispensable en la dieta

Una alimentación que permita mantenerse sano durante muchos años ha de ser variada y estar compuesta por los siguientes grupos de alimentos:

❋ **Hidratos de carbono.** Arroz, pasta, patata, legumbres, cereales, pan tostado… Los hidratos de carbono se deben consumir a lo largo del día; así aportarán la energía básica.

❋ **Verduras.** En las comidas, mejor consumirlas crudas, para que aporten las vitaminas, minerales y enzimas; en las cenas, mejor cocidas.

❋ **Proteínas.** Comer pescado azul o blanco, dos o tres veces por semana. Lo mismo con la sepia o el calamar, las carnes blancas (ya sean pollo, pavo o conejo), los huevos y el queso fresco.

❋ **Lácteos.** Dos o tres raciones al día serán suficientes.

❋ **Azúcares.** El azúcar integral y la miel son los edulcorantes más saludables, que en todo caso se han de usar con moderación.

❋ **Frutas.** Se han de tomar dos o tres piezas al día, sin abusar de las frutas muy dulces como uvas, plátanos o higos.

❋ **Frutos secos.** Cuatro o cinco veces por semana, se recomienda tomar 20 gramos de frutos secos.

❋ **Agua.** Beber litro y medio al día.

❋ **Aceite de oliva.** Dos o tres cucharadas al día aportan la grasa necesaria.

Vivir mejor

Nuestro hogar es nuestro pequeño mundo. Todo aquello que nos permita hacerlo más agradable, acogedor y saludable redundará en una vida más satisfactoria para nosotros mismos y para nuestro entorno. A veces basta con unos pequeños detalles.

Una casa luminosa

La luz es vida y no hay nada más deprimente que una casa con las cortinas cerradas todo el día. Está demostrado que nuestro cuerpo necesita luz y aire fresco para mantenerse saludable, por lo que es fundamental abrir y ventilar bien la casa todos los días, incluso en invierno. En este caso bastarán cinco o diez minutos por la mañana. Los colores claros en las paredes, los muebles no muy oscuros, y una buena situación de las lámparas ayudarán a crear una casa llena de luz. Encender algunas velas por la noche proporcionará un ambiente relajado y natural.

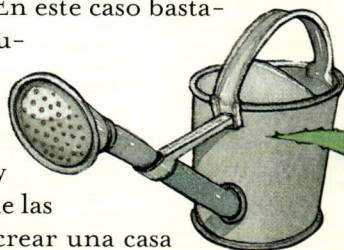

Ambientadores naturales

En tiempos de nuestras abuelas una manzana bastaba para perfumar una habitación. También son clásicos los ramos de rosas u otras flores y las plantas aromáticas. Poniendo una buena cantidad de lavanda en un saquito se consigue un excelente ambientador, para colocar tanto en casa como en el coche.

Pero también se puede disfrutar del aroma de muchas plantas gracias a su esencia natural, extraída mediante destilación. La lavanda posee un delicioso perfume. Pulverizando diez gotas de su esencia mezcladas en 100 mililitros de alcohol de 96º

se obtiene un ambiente agradable y natural. Otro sistema para obtener el mismo resultado es echar unas gotas de esencia sobre una arandela de cerámica, que se puede encontrar en tiendas especializadas, y se coloca en la lámpara. Al encenderla, el calor que desprende la bombilla hará que la esencia se volatilice perfumando el ambiente con suavidad. Cada esencia tiene sus cualidades y según el arte de la aromaterapia influyen sobre el estado de ánimo y la salud.

Un hogar lleno de vida

Las plantas son la alegría de la casa. Por poco espacio del que se disponga seguro que hay sitio para algunas macetas que aporten algo de naturaleza en nuestro hogar. Unas cuantas plantas aromáticas perfumarán y darán colorido al balcón o la terraza. Una planta de aloe —muy decorativa y que precisa poco riego— nos proporcionará además los mejores remedios para la piel.

Cuidar las plantas y tener la satisfacción de ver surgir sus flores día a día es una buena terapia para calmar el estrés y amar la vida. Hay quien cree que las plantas son tan sensibles que reaccionan ante la música y ante nuestros estados de ánimo.

Ideas saludables para mejorar el hogar

✳ Hacer todo lo que sea posible para que tu casa sea un agradable refugio, calmado y bonito, un lugar donde poder descansar y estar con las personas queridas. No olvidar que el ambiente influye en el estado de ánimo.

✳ Una casa limpia y ordenada ayuda a sentirse bien por dentro, siempre que no se convierta en una obligación excesiva o en una obsesión. Compartir las tareas de casa.

✳ En los muebles y en la decoración, utilizar en lo posible materiales naturales como la madera, el algodón o el lino.

✳ Usar la televisión inteligentemente. No dejar que mande en casa, cortando todas las conversaciones y momentos para estar con la familia.

✳ Evitar los aparatos eléctricos dentro de la habitación. Dormir junto a un ordenador o una televisión es pasar una parte muy importante del día en un ambiente cargado que no contribuye al descanso.

✳ Utilizar jabones naturales. Dan un agradable aroma al cuarto de baño y benefician mucho la piel.

✳ Los animales domésticos son una gran compañía. Cuidar de ellos adecuadamente.

La despensa
de la Botica

Alimentos que curan y nunca deben faltar

Ajo y cebolla

E stos dos clásicos de la cocina de nuestro país no sólo aportan sabor a nuestros platos, sino que son dos ingredientes básicos en gran cantidad de remedios tradicionales.

El ajo, píldora de salud

El ajo contiene fructosanos, que estimulan la acción diurética, además de ser rico en vitaminas A, B y C. Sus propiedades medicinales son amplias: reduce el colesterol, es anticancerígeno, expectorante y tiene un efecto hipotensor, es decir, baja la presión arterial.

La cebolla, reina de la cocina

Las virtudes de la cebolla son incontables: es un estimulante del apetito, ayuda a la digestión, es expectorante, antialérgica, antiséptica, diurética, ayuda a prevenir la arteriosclerosis, puede aplacar moratones o hematomas, reduce la presión arterial y disminuye el nivel de colesterol en la sangre.

Cortar cebolla sin llorar

Para cortar las cebollas sin soltar una sola lágrima basta con pelar la primera capa de la cebolla y ponérsela en la frente. También funciona dejar correr el agua del grifo y pelar las cebollas cerca de éste.

Varices

Ungüento de ajos

La mala alimentación, la falta de ejercicio, y el estar mucho tiempo de pie favorecen la aparición de las varices. Con este remedio no desaparece este problema vascular, pero sí se desdibuja, se alivian sus picores y se reduce la inflamación de las piernas.

Ingredientes * Zumo de limón
* 3 cucharadas de aceite de oliva
* 6 dientes de ajo

Preparación * Se cortan los ajos en finas láminas y se mezclan con el aceite y el zumo de limón. Agitar un poco y dejar reposar durante 12 horas, como mínimo, dentro de un tarro de cristal con tapón de corcho para que la maceración pueda respirar.

Uso * Antes de aplicar el ungüento, pasar las manos por la zona con movimientos ascendentes para activar la circulación. A continuación, ya puede extenderse con un pequeño masaje y recorrer todas las varices con suaves movimientos circulares desde el tobillo hasta el muslo.

Los cítricos

Auténticos reyes de la vitamina C, se han utilizado tradicionalmente para combatir enfermedades como los resfriados, pero sus aplicaciones medicinales van mucho más allá.

Reyes de la vitamina C

Los cítricos deberían ser de consumo obligado, pues permiten cuidar la salud de forma natural. Su uso está especialmente indicado en personas con el sistema inmunitario más débil, como los niños y las personas de edad, así como los fumadores. La vitamina C, además, cuida de la piel mediante su colágeno y, al ser un antioxidante, previene ciertos tipos de cáncer. El limón, que es también astringente, depurativo y digestivo, y la naranja, desintoxicante y diurética, son dos de los cítricos más conocidos y consumidos.

El limón vale su peso en oro

Las gárgaras con zumo de limón combaten la faringitis y la laringitis. Mezclado con glicerina es muy adecuado para las manos estropeadas, y la infusión de su piel con miel ayuda a combatir el insomnio.

Limón y belleza

❋ **El nácar, unido al limón, tiene aplicaciones cosméticas** y es un gran remedio contra las manchas faciales. Se disuelve un poco de nácar en zumo de limón (se puede obtener de unos botones) y se aplica la mezcla sobre las manchas, que desaparecerán.

Bajada de defensas

Mermelada de mandarinas

Es una forma sencilla y muy rica de hacer que incluso los niños ingieran fibra y pectinas a través de sus frutas favoritas.

Ingredientes ❋ 1 kg de mandarinas ❋ 1/2 vaso de agua ❋ Vainilla ❋ 250 g de azúcar

Preparación ❋ Se cortan las mandarinas, sin piel ni pepitas, y se ponen en una cazuela de barro. Se echa el agua, se espolvorean con vainilla y, con la corteza de las propias mandarinas, se pone todo a hervir. Cuando entre en ebullición se añadirá el azúcar. Hay que tapar y dejar a fuego lento. Conviene remover con frecuencia para que no se pegue el azúcar. Pasados 45 minutos, se pasa la confitura a tarros de cristal previamente esterilizados. Tapar y poner boca abajo. Esta media conserva puede durar varios meses en buen estado. Si se quiere una conserva para años, hay que hervir los botes al baño María durante 45 minutos o 1 hora.

Uso ❋ Como de cualquier dulce, no debe abusarse; por supuesto, no es apta para diabéticos.

Aguacate y aloe

El mundo de la belleza natural no sería el mismo sin el aloe y el aguacate, sus dos productos talismán. Con ellos se elaboran multitud de tratamientos para la piel y el cabello.

El aloe, rey de la belleza

Además de decorativa, el aloe es una planta que ofrece infinidad de aplicaciones. Antiguamente se utilizaba sobre todo para uso externo: para elaborar cremas, leches hidratantes o emulsiones para masajes. En el caso de cortes de cierta entidad o en quemaduras, el aloe vera tiene propiedades calmantes y antisépticas, por lo que regenera las células y cicatriza la herida.

El aguacate, fruta mágica

El aguacate es rico en vitaminas A y B, en carbohidratos, proteínas, substancias grasas, vitaminas, sales minerales y agua. Se trata de un gran antioxidante, y resulta muy útil en afecciones cutáneas. Además, tiene una función analgésica contra los dolores musculares, facilita la digestión y combate la anemia y el colesterol. Su aceite es un excelente hidratante para el cutis y la piel.

Sabías que…

El aloe está presente en algunos episodios de la historia. Al parecer, la legendaria juventud y belleza de Cleopatra se debía a baños diarios de aloe y miel. Asimismo, según el Evangelio de San Juan, el cuerpo muerto de Jesús fue envuelto en un sudario de lino con una mezcla de aloe y mirra.

Cabello sin brillo y vigor

Champú de aloe y miel

Dos ingredientes básicos para dejar el cabello brillante y sedoso.

Ingredientes ✳ 2 cucharadas de buen *whisky* ✳ 100 ml de champú de miel ✳ 200 mg de pulpa triturada de aloe

Preparación ✳ Mezclar los tres ingredientes y remover con energía. El resultado debe conservarse en un lugar oscuro, en una botella, durante 6 meses.

Uso ✳ Este champú está recomendado para personas con cabellos normales, las personas con cabellos grasos o secos no deben utilizarlo. En tan sólo una semana, el cabello adquiere vigor y un aspecto brillante.

Aloe para el afeitado

El hombre también tiene derecho a su dosis de coquetería. Una loción con zumo de aloe para después del afeitado ayuda a cicatrizar pequeñas heridas y protege la piel del rostro de los agentes externos: frío, aire, sol, etc.

Avena y soja

La energía de la avena y las propiedades nutritivas de la soja serán un descubrimiento para muchas personas. Esas dos grandes desconocidas no deberían faltar en ninguna despensa.

La avena, el cereal básico

Este grano rico en proteínas, lípidos, carbohidratos, vitaminas, minerales y oligoelementos aporta mucha energía y, además, se digiere con facilidad. Su alto contenido en fibra ayuda a regular la función intestinal y protege del cáncer de colon; también actúa contra el colesterol y la caries, y tiene propiedades antidepresivas. Asimismo, se aplica mucho en cosmética.

La soja, nutriente natural

Esta desconocida legumbre es uno de los alimentos más completos que se conocen: contiene potasio, calcio, fósforo, magnesio, hierro y fluor. Reduce el riesgo de enfermedades coronarias y el colesterol, ayuda a regular el equilibrio hormonal femenino —especialmente importante durante la menopausia—, y flexibiliza las membranas y tejidos. Se consume en habas —su presentación natural—, germinados o harina y existen importantes derivados como la leche y la lecitina.

Pieles sensibles poco hidratadas

Mascarilla hidratante de avena

La avena se usa en cosmética debido a su acción refrescante y emoliente sobre la piel.

Ingredientes ✳ Manzanilla ✳ Agua ✳ 1 cucharadita de miel ✳ 2 cucharadas de harina de avena

Preparación ✳ Mezclar la harina de avena, la miel y dos cucharadas de infusión de manzanilla. En caso de pieles sensibles es mejor sustituir la miel por lanolina.

Uso ✳ Proteger los ojos con dos algodones humedecidos en manzanilla. Extender la mascarilla con un pincel, dejándola actuar 20 minutos. Retirar con la manzanilla restante.

Germinar soja en casa

✳ Los germinados de soja, frescos y crujientes, pueden prepararse en casa poniendo las alubias de soja sobre un paño que se ha de mantener húmedo. Más cómoda es la utilización de los aparatos germinadores que se venden en herbolarios y tiendas especializadas. Tienen cuatro pisos y permiten prepararlos con continuidad. En el piso superior se pone agua y el inferior sirve para el drenaje. A una temperatura de 15 a 18 °C la soja habrá germinado en unos 7 días y sólo faltará eliminar los restos de cáscara.

La ortiga

A pesar de su mala fama, debida a sus propiedades urticantes, la ortiga posee propiedades diuréticas y estimulantes de la piel, que, entre otras, la hacen indispensable frente a muchas dolencias.

Con ortigas, mil recetas

❋ La ortiga contiene beta caroteno, vitamina C, calcio, hierro y potasio. Pierde sus propiedades urticantes al cocinarla y se emplea en muchos remedios.

❋ El jugo de ortigas, licuado y mezclado con agua, es un gran limpiador de la sangre. Se recomienda tomar medio vaso al día en ayunas.

❋ Los ancianos y los niños, que necesitan más calcio y minerales, pueden tomarlas en puré, solas o mezcladas con otras verduras. La tortilla de ortigas baja los niveles de la tensión y es excelente para diabéticos.

❋ Aplicada directamente, la ortiga cura heridas o hemorragias. Hay que dejarla primero durante unas horas en un tarro, para que pierda parte del ácido fórmico, que es lo que irrita la piel, y luego ortigarse la zona sin miedo. Se nota alivio y mejora en muy poco tiempo.

❋ Las ortigas han de utilizarse, idealmente, verdes. Además, las que crecen cerca de las piedras son las mejores.

Un buen insecticida

La ortiga no sólo es buenísima para las personas, sino también para sus congéneres, las plantas. Con un **purín a base de ortigas,** un tratamiento ecológico sin sustancias químicas, se ahuyentarán los parásitos y se estimulará el crecimiento de las plantas.

Sabías que...

Antiguamente, los espartanos y los romanos usaban la ortiga para remediar los dolores reumáticos. Antes de ir a la guerra, se sacudían enérgicamente el cuerpo con ellas, recién cogidas; especialmente en las articulaciones que padecían de reúma o artritis.

Abuso del alcohol, resaca

Cocimiento de ortigas

Tras haber sufrido una intoxicación de alcohol, este cocimiento de ortigas nos dejará como nuevos, limpios, lúcidos y con energía en las mañanas de resaca.

Ingredientes ❋ 1 puñado de hojas de ortiga ❋ 1/4 l de agua ❋ 1 limón

Preparación ❋ Se hierven las hojas de ortiga durante 5 minutos y a continuación se cuelan. En el momento de tomarlo, se le añade el zumo de limón.

Uso ❋ Tomar un vasito las mañanas de resaca, en ayunas.

Las especias

P ese a que sólo las utilicemos como condimento, la mayoría de especias poseen virtudes curativas. En pequeñas dosis, facilitan la digestión y tienen efecto antimicrobiano.

Moneda de cambio

A lo largo de la historia, las especias han tenido más valor que el oro. Importadas desde Oriente, fueron los primeros medicamentos que conoció la civilización. Con la canela, por ejemplo, se hacían aceites y pomadas; con el azafrán se elaboraban tintes y medicamentos, y se aromatizaban comidas, y la nuez moscada se utilizaba como desodorante y contra la tensión nerviosa.

El jengibre milagroso

El jengibre es una planta originaria de la India. En la Edad Media ya se utilizaban sus tallos subterrános para los problemas digestivos e, incluso, para combatir la peste. En polvo es un remedio eficaz para los problemas de vómitos. Además, es efectivo contra los dolores a lo largo de un nervio y sus ramificaciones. No obstante, no debe abusarse de él, pues puede resultar fuerte para el organismo.

Contra las hormigas

❋ **La canela sirve para ahuyentar a las hormigas.** Haciendo una barrera en mitad de su paso con la canela en polvo evitaremos que vuelvan.

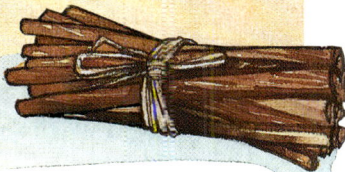

Problemas de infertilidad

Sopa de jengibre, champiñones y menta

En esta sopa se utilizan tres grandes afrodisíacos que potencian la fertilidad.

Ingredientes ❋ 1 puñado de menta piperita ❋ 1/2 l de agua ❋ 200 g de champiñones ❋ 1 cucharada de polvo de jengibre

Preparación ❋ Se hace una infusión con la menta piperita en 1/4 de litro de agua. Mientras se deja reposar, cocer en el agua restante, a fuego lento, los champiñones y el jengibre, durante unos 15 minutos. Una vez la infusión de menta ha reposado, colarla y añadirla a la cocción de jengibre y champiñones. Mezclar bien y agregar sal y aceite al gusto.

Uso ❋ Como cualquier otra sopa, aunque hay que recordar que no se debe abusar.

Sabías que...

La pimienta, la primera especia conocida en Europa, era tan cara que se la llamaba "regalo de reyes", porque sólo ellos podían obsequiársela entre sí.

El yogur

El yogur es el más completo de los derivados de la leche, gracias a todas sus propiedades y a un aporte de microorganismos que combate problemas gástricos y regula la flora intestinal.

Tipos de yogur

El yogur reduce el colesterol y aumenta la capacidad defensiva de la mucosa intestinal. Sus distintas variedades poseen algunas propiedades específicas:

❋ El **natural**, a base de leches fermentadas, es digestivo y poco calórico. Desnatado apenas contiene grasa, por lo que es aconsejable en los regímenes.

❋ El **bio** es más cremoso y calórico. Protege la flora intestinal y aumenta las defensas de nuestro organismo.

❋ El **líquido** es más apropiado para niños y, especialmente, deportistas.

Un cosmético lácteo

❋ En **cremas y mascarillas**, el yogur nada tiene que envidiar al limón o a la miel. Para preparar esta mascarilla de belleza, se pone en un bol una cucharada sopera de **yogur** y se le añade una cucharadita de **miel**, previamente calentada, para que desprenda mejor sus propiedades. Por último, agregar 12 o 14 gotas de **limón** y mezclar bien todo. Aplicar con una brocha o con los dedos, evitando los ojos, y dejarlo en la cara un buen rato. Retirarlo con cuidado.

Sabías que...

Hasta los años sesenta o setenta, los yogures se vendían en las farmacias; eran un producto caro y terapéutico.

Bajada de defensas

Tónico reconstituyente de yogur y fresas

El yogur combina bien con todo tipo de frutas, pero mezclado con fresas se convierte en un poderoso reconstituyente para cuando se está agotado y se necesita cargar las pilas.

Ingredientes ❋ 3 yogures ❋ 8-10 fresas

Preparación ❋ Trocear previamente las fresas y mezclarlas con el yogur. Lo mejor es triturarlo con la batidora.

Uso ❋ Es conveniente tomarlo nada más hacerlo.

Esencias

S on el alma de las plantas, su energía vital. Concentran en unas gotas las propiedades de cada planta, por lo que sus efectos en nuestro organismo son muy intensos.

Para todos los sentidos

Las plantas son un placer para la vista y también para el olfato. Sus propiedades aromáticas provienen de sus aceites esenciales, minúsculas gotas de aceite que protegen contra bacterias o parásitos, y le aseguran la reproducción atrayendo a los insectos. Esos aceites esenciales son precisamente lo que convierte a muchas plantas en curativas. Para obtener unas pocas gotas se necesita una gran cantidad de materia prima. El sistema más común para obtener estos aceites consiste en la extracción de las sustancias aromáticas por destilación mediante el vapor de agua.

La lavanda

Llamada también espliego y alhucema, la lavanda es una planta que crece en terrenos secos y calcáreos. Además de poseer una fragancia exquisita, la flor de la lavanda es tonificante, sedante y beneficiosa en gran cantidad de afecciones: colitis, quemaduras, golpes, esguinces, etc.

Sabías que...

El nombre de lavanda proviene del latín "lavare", que significa "lavar". En época romana, los patricios y ciudadanos distinguidos añadían lavanda al agua de sus suntuosos baños.

Pieles secas y estropeadas

Gel hidratante de lavanda

Este gel es calmante, regenerador y nutriente de la piel, en especial la de las manos, que suele ser la más castigada.

Ingredientes ✳ 2 cucharadas de flores de lavanda ✳ 2 cucharadas de flores de manzanilla ✳ 2 cucharadas de aceite de almendras dulces ✳ 300 g de vaselina

Preparación ✳ Calentar la vaselina con las flores y el aceite al baño María durante una hora, removiendo de vez en cuando. Colar a través de una gasa presionando las flores al final para obtener una mayor cantidad de gel y guardarlo en un tarro hermético.

Uso ✳ Antes de aplicar se deja enfriar hasta que adquiera una textura gelatinosa. En casos de artrosis, un masaje con el gel en la zona afectada resulta calmante y beneficioso.

Miel y huevo

Productos de granja por excelencia, la miel y los huevos no sólo son alimentos fundamentales en cualquier dieta, sino que poseen, desde tiempos inmemoriales, infinidad de aplicaciones en salud y belleza.

Néctar dorado

El color, aroma y sabor de cada miel depende de las diferentes especies florales de las que liban las abejas. Cada una posee virtudes propias:

✳ Miel de **azahar**: sedante, para quienes padecen problemas de ansiedad, estrés, insomnio.

✳ Miel de **romero**: combate los problemas hepáticos, además de calmar la tos.

✳ Miel de **tomillo**: constituye una inyección directa para las defensas.

✳ Miel de **brezo**: es un colosal diurético que combate la cistitis.

✳ Miel de **mil flores**: reconstituyente, muy saludable, entre otros, para el aparato digestivo e intestinal.

✳ Miel de **eucalipto**: beneficiosa para el sistema respiratorio. Favorece, también, la expulsión de cálculos renales.

Falta de energía, bajo tono vital

Ponche revitalizador

Esta fórmula es un antiguo revitalizador, tanto para niños como para convalecientes, embarazadas o ancianos.

Ingredientes ✳ 2 yemas de huevo ✳ 2 cucharaditas de azúcar ✳ 2 o 3 gotas de esencia de vainilla ✳ 100 ml de orujo

Preparación ✳ Poner todos los ingredientes en un bol y batirlo bien.

Uso ✳ Para los niños, se puede sustituir el alcohol por leche.

Huevos en buen estado

✳ **Para distinguir entre huevos frescos y viejos.** Poner en un vaso de agua el huevo: si éste es fresco se va al fondo, mientras que si es viejo flota. También se puede averiguar mirándolo al trasluz: en el fresco se ven la clara y la yema separadas, mientras que en el viejo no se distinguen fácilmente.

✳ **Para conservar los huevos.** Antiguamente, cuando no existían las neveras, se conservaban los huevos entre salvado de trigo, por supuesto en un lugar fresco.

✳ **Para pelar fácilmente huevos cocidos.** Se evitarán esos problemas, más comunes cuanto más fresco es el huevo, pasándolos por agua fría en el momento en que se retiran del fuego.

Belleza y cuidados personales

Consejos de cosmética natural

Acné y piel estropeada

El acné es un síntoma externo común de la época juvenil de nuestras vidas. Para mitigarlo, nada mejor que una alimentación sana y equilibrada, y unos remedios sencillos y naturales.

Acné

Mascarilla de aloe vera

Una fórmula que combina ingredientes básicos para el cuidado de la piel.

Ingredientes * 100 g de aloe * 50 g de miel * 1 cucharada de *whisky* * 2 cucharadas soperas de aceite de germen de trigo * Arcilla higienizada para uso externo

Preparación * Se extrae la pulpa de la hoja de aloe y se mezcla con la miel, el *whisky* y el aceite. Para una consistencia homogénea lo mejor es utilizar una batidora. Agregar la arcilla hasta lograr una textura cremosa, ni muy líquida ni pastosa.

Uso * Previamente, exponer la cara a un poco de vapor que dilate y abra los poros. Aplicar la crema sobre la piel húmeda, dejarla actuar durante 45 minutos y lavarse a continuación la cara con agua templada.

El truco * El apio es un buen complemento en la lucha contra el acné. Este depurativo interno puede tomarse tanto en zumos como en ensalada.

Tersura y suavidad en la piel

* **Un tónico a base de limón y perejil ayuda a mantener la piel tersa y suave.** Para prepararlo, poner en un vaso con agua el limón y el perejil, dejándolos reposar durante toda la noche. Se aplica en la cara a la mañana siguiente con ayuda de un algodón.

Granos en la cara y el cuerpo

Compresas de ortigas

Este cocimiento ayudará a eliminar los poros sucios de nuestro cuerpo.

Ingredientes * 100 g de ortigas * 1 l de agua

Preparación * Hervir las ortigas en el agua durante 30 minutos y dejar posar. Colarlo una vez se haya enfriado.

Uso * Aplicar el cocimiento con compresas en la zona afectada.

El Consejo de la Botica

Las personas que sufren afecciones en la piel pueden confiar en la borraja para aliviarlas, especialmente en el aceite que se obtiene de sus semillas. Esta planta es, en realidad, una gran ayuda para el tratamiento de diversas afecciones, y usada en masajes, atenúa neuralgias, dolores musculares y contusiones.

Piel estropeada

Pomada de tintura de borraja

Por vía externa, la borraja resulta muy beneficiosa en caso de problemas de piel.

Ingredientes ❋ 20 g de flores y hojas trituradas de borraja ❋ Alcohol de 95° ❋ Agua mineral ❋ 50 ml de glicerina o vaselina

Preparación ❋ Para elaborar la tintura cubrir las flores y hojas de borraja con el alcohol. Seguidamente añadir el agua mineral (la mitad de la cantidad de alcohol utilizado). Todo ello se deja macerar durante 15 días moviéndolo de vez en cuando, se filtra y se reserva. Mezclar la tintura de borraja y la glicerina o vaselina a partes iguales. Si se utiliza vaselina, calentarla para conseguir una crema homogénea.

Uso ❋ Aplicarlo directamente sobre la zona afectada, masajeando o friccionando. En poco tiempo veremos los resultados.

Higiene para la piel

Una limpieza regular es esencial para el cuidado de la piel. Los beneficios de este hábito pueden multiplicarse si se usan jabones y perfumes ecológicos, menos agresivos que los comerciales.

Limpieza de la piel

Jabón ecológico

De fácil elaboración, este producto también resultará beneficioso para la psoriasis.

Ingredientes ✳ 250 g de sosa cáustica ✳ 250 g de avena molida ✳ 1,5 l de agua ✳ 1,5 l de aceite de oliva virgen

Preparación ❋ Mezclar el agua y la sosa cáustica en una palangana, removiendo el preparado 2 o 3 minutos. A continuación se le añade el aceite, removiendo en la misma dirección. Por último, se añade la avena, que aromatizará el jabón y, si se desea, unas gotas de esencia de lavanda. Echar todo en un bol y dejar reposar (removiendo de vez en cuando) hasta que la mezcla espese. Se deja endurecer durante uno o dos días, dependiendo del lugar y de la temperatura.

Uso ❋ Para desmoldar el jabón es aconsejable haber utilizado un recipiente de plástico o papel parafinado y tenerlo un rato en el congelador. Una vez cortado en pastillas, éstas aún habrán de secar durante un mes antes de usarlas.

Perfume para la piel

Colonia de rosas

Rosas y alcohol son la base para elaborar una colonia como las que antiguamente hacían nuestros abuelos.

Ingredientes ❋ 100 ml de agua de rosas ❋ 100 ml de alcohol de friegas ❋ Esencia de rosas

Preparación ❋ Colar el agua de rosas que se necesita y añadirle el alcohol de friegas. Tras agitar bien, la colonia estará lista. Si se quiere intensificar su aroma, se le pueden añadir unas diez gotas de esencia de rosas.

Uso ❋ La mejor forma de guardarla, y también de usarla, es utilizar un frasco con un pulverizador. Esta colonia también se puede hacer servir como ambientador para la casa.

El Consejo de la Botica

Además de para la piel, el jabón ecológico también es muy útil para el pelo; incluso resulta un excelente "lubricante" para los cajones de los armarios que queden atascados. Si, por el contrario, sólo queremos un buen jabón para la ropa, bastará con cambiar el aceite de oliva virgen de la fórmula original por un simple aceite de cocina usado.

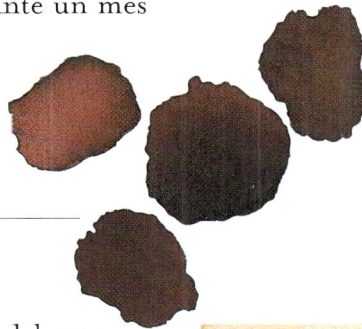

En casa del jabonero, el que no cae, resbala.

DICHO POPULAR

Atención: sosa cáustica

La sosa cáustica necesaria para elaborar el jabón es un material tóxico. Se deben tomar precauciones:

❋ Mantener una **distancia prudencial** al manipularla.
❋ Verter el agua con **cuidado**.
❋ Tener a mano **vinagre de manzana** y agua por si hay salpicaduras.
❋ Evitar sus **emanaciones tóxicas**.
❋ **Ventilar** la habitación.
❋ Utilizar **guantes** de látex y **gafas** protectoras.
❋ Remover con una **pala de madera**.
❋ Evitar la presencia de **niños y animales**.

Belleza para el cutis

La cara es un espejo donde se refleja el paso del tiempo, pero también las experiencias y emociones vividas. Por eso es importante no descuidar su aspecto y dedicarle toda nuestra atención.

Manchas en la piel

Cataplasma de aloe vera

La pulpa de aloe es muy beneficiosa para suavizar las manchas capilares.

Ingredientes * 1 limón * 2 cucharadas de leche * Pulpa de aloe vera

Preparación * Exprimir el limón y mezclarlo con la leche.

Uso * Untar la zona manchada con la mezcla y, cuando se seque, aplicar la pulpa de aloe vera cubriéndola con una gasa o tirita. Dejarlo actuar toda la noche y, a la mañana siguiente, aplicar crema solar para hidratar la zona afectada.

El Consejo de la Botica

Las patas de gallo que aparecen con la edad se pueden combatir. Lo más recomendable es el aceite de germen de trigo, que flexibiliza la piel, o el de rosa mosqueta, que la regenera. Otra solución es aplicar una pasta a base de harina de avena y clara de huevo montada.

Cutis graso

Mascarilla para cutis grasos

Elaborada a base de huevo, un alimento altamente beneficioso para la piel.

Ingredientes * 1 clara de huevo * 1 tomate maduro * 1 cucharada de levadura de cerveza * 1 taza de agua * 3 hojas de laurel seco

Preparación * Hacer una infusión con el laurel y el agua, y dejarla reposar hasta que se enfríe. Mientras, montar la clara a punto de nieve, pelar y triturar el tomate y agregárselo. Por último, incluir en la mezcla la levadura y dos cucharadas de la infusión de laurel, removiéndolo todo bien.

Uso * Aplicar la mascarilla con un pincel en las zonas afectadas. Mantenerlo durante 10 o 15 minutos y, pasado ese tiempo, limpiarse con un algodón empapado con la infusión sobrante de laurel.

La belleza es el esplendor de la vida.

PLATÓN

Cutis graso y puntos negros

Mascarilla en tres pasos

Esta mascarilla requiere dos pasos previos: unos vapores de flor de saúco para abrir los poros y una exfoliante de agua y sal.

Ingredientes ✳ 2 puñados de flor de saúco ✳ 2 l de agua mineral ✳ 1 cucharada sopera de sal marina en una taza de agua ✳ 1 tomate ✳ Arcilla higienizada

Preparación ✳ Hervir la flor de saúco en los 2 litros de agua durante 7 minutos. Mezclar la sal marina en la taza con agua. Para la mascarilla elaborar una pasta homogénea con el jugo de un tomate y la arcilla.

Uso ✳ Antes de la aplicación de la mascarilla, se toman los vapores de flor de saúco. Después, se extiende el agua con sal por la zona a modo de exfoliante. En tercer lugar, se aplica la mascarilla con un pincel en la zona afectada y se la deja actuar una media hora. Por último, antes de que ésta se seque, debe limpiarse el rostro con agua abundante. Repitiendo este proceso durante unos días, se apreciarán rápidamente los resultados.

Sudoración

No hay nada más sano y natural que el sudor, aunque a veces es un inconveniente que incluso puede afectar a nuestra relación con los demás. Pero el olor corporal se puede controlar o atenuar.

Olor corporal

Baño desodorante natural

Con esta fórmula desaparece el olor característico del sudor. Incluso se puede prescindir del desodorante durante unos días.

Ingredientes ✳ La corteza de 2 naranjas ✳ La corteza de 2 limones ✳ 1 l de agua ✳ 1/2 kg de sal marina ✳ 3 cucharadas de bicarbonato

Preparación ✳ Rallar las cortezas y hervirlas a fuego lento en el agua durante 2 minutos. Una vez filtrado el cocimiento, lo mezclamos con el agua de baño, añadiéndole la sal marina y el bicarbonato.

Uso ✳ Sumergirse en la bañera con el agua a unos 38 °C durante 15 minutos.

En la ducha, el jabón una vez al día, bastaría.

DICHO POPULAR

El Consejo de la Botica

A veces, la sudoración tiene como consecuencia la aparición de impurezas en la cara. Para eliminarlas, nada mejor que un "peeling" de limón y azúcar. Para prepararlo, diluimos el zumo de un limón en dos cucharadas de azúcar. Se aplica en la cara , dejándolo 20 minutos. A continuación hay que limpiarse con agua.

Sudoración excesiva

Infusión de salvia

La esencia de la salvia controla la transpiración cutánea regulando la cantidad de sudor secretado, por lo que es una planta importante contra la hipersudoración.

Ingredientes ✳ 1 cucharadita de salvia ✳ 1/4 l de agua

Preparación ✳ Llevar el agua a ebullición y retirarla del fuego. Acto seguido, añadir la salvia, dejando reposar la infusión durante 10 minutos. A continuación, colar la solución y dejarla enfriar.

Uso ✳ Tomarse una tacita tres veces al día.

Piel sucia por el sudor

Hidratante exfoliante

Un eficaz remedio para eliminar las impurezas y la piel muerta.

Ingredientes ✳ 1 chorrito de aceite de germen de trigo ✳ 15 gotas de esencia de manzanilla

Preparación ✳ Mezclar los dos ingredientes en un bol.

Uso ✳ Aplicar la mezcla en la zona a tratar. La esencia de la manzanilla hará de exfoliante, mientras que el aceite de germen de trigo hidratará la piel.

La sudoración

✳ Pese al olor que se produce, debemos recordar que **sudar es la forma elemental que tiene el cuerpo de eliminar los residuos** o toxinas acumulados bajo la piel, así como equilibrar la temperatura corporal.

✳ Algunas causas de la sudoración son la **temperatura exterior, el ejercicio físico, los nervios o cierto tipo de comidas** condimentadas.

✳ Cuando la sudoración está acompañada de **fiebre, pérdida de peso, dificultad para respirar, palpitaciones** u otros síntomas físicos, hay que acudir inmediatamente al médico.

Estrías en la piel

Las estrías son unas pequeñas grietas que aparecen en la piel, sobre todo en el caso de las mujeres embarazadas o que han sufrido cambios de peso corporal. Se pueden combatir cuidando la alimentación y con cremas elaboradas con productos naturales.

Estrías

Crema natural de avena y aloe

Nada como la avena, el aloe y el diente de león para luchar natural y eficazmente contra las grietas que aparecen en la piel.

Ingredientes * 100 g de hojas frescas de diente de león * 1/2 l de agua * 1/2 vaso de zumo de pulpa de aloe * 7 gotas de aceite de rosa mosqueta * Harina de avena

Preparación ❋ Hervir en el agua el diente de león durante 10 minutos y dejar reposar el resultado. Pasarlo entonces a un recipiente alto y estrecho, añadirle el zumo de aloe, la rosa mosqueta y la harina de avena y triturarlo todo con la batidora. La cantidad de harina de avena utilizada será la necesaria para que la mezcla alcance una textura cremosa y homogénea, para que pueda aplicarse con facilidad sobre la piel.

Uso ❋ Aplicar la crema directamente sobre las estrías y dejarla actuar durante una hora. A continuación, lavarse con agua tibia. Es conveniente repetir este tratamiento al menos cinco veces a la semana.

El truco ❋ Tras la ducha se puede complementar la aplicación de la crema de avena y aloe en la zona afectada con algunos masajes con germen de trigo o manteca de cacao. De esta forma aumentará el efecto antiestrías.

Estrías en los senos

Mascarilla de limón y huevo

Un remedio para estrías que suelen aparecer en el pecho después del parto.

Ingredientes ❋ 1/2 corteza de limón ❋ 1 yema de huevo

Preparación ❋ Triturar la corteza de limón en la batidora y añadirle la yema de huevo previamente batida. Remover bien hasta homogeneizar la mezcla.

Uso ❋ La mascarilla hay que aplicarla recién hecha, cubriendo los senos durante varios minutos. Lo ideal sería alternar este remedio con la crema natural antiestrías.

Consejos para combatir las estrías

❋ Aunque también las padecen algunos hombres, las estrías son, básicamente, **un problema hormonal y circulatorio** que sufren las mujeres, en especial en muslos, vientre y senos.

❋ El peligro de las estrías aumenta de manera especial en las **mujeres embarazadas o que acaban de dar a luz.** Un consejo para atenuarlas es realizar un masaje diario con una mezcla de aceite de germen de trigo (150 ml) y unas diez gotas de aceite esencial de lavanda.

❋ **La alimentación es básica.** Se deben sustituir los azúcares y harinas por sus equivalentes integrales, y la leche vacuna entera, en lo posible, por leche descremada. Las carnes, huevos y embutidos se recomienda que sean, también en lo posible, ecológicos.

❋ Las **estrías pueden solucionarse** con el tratamiento adecuado gracias a la capacidad de regenerarse que tiene la piel.

Afecciones de la piel

La piel cumple una función importantísima: protege nuestro organismo del exterior. Por este motivo puede verse agredida por factores externos y necesita de unos cuidados específicos.

Eccema

Emplasto de arcilla

La arcilla es usada en problemas cutáneos y tratamientos de belleza desde antaño.

Ingredientes ❋ 1 l de agua ❋ 6-8 cucharadas de cola de caballo ❋ Arcilla

Preparación ❋ Poner a hervir la cola de caballo en el agua. Dejarlo 10 minutos a fuego lento y colar. Tomar una pequeña parte de esta agua y, en un recipiente, mezclarla con una punta de arcilla; hay que conseguir un barro de una densidad intermedia, ni muy espeso ni muy licuado. Amasar la arcilla con una cuchara de madera.

Uso ❋ Aplicar el emplasto y dejarlo secar, de modo que la arcilla absorba las impurezas. Cuando pasen unos 20 minutos limpiar la zona con el agua de cola de caballo que ha sobrado.

El truco ❋ La leche es un antiguo remedio contra los picores que producen los eccemas. Para calmarlos, se aplica con un algodón empapado directamente sobre la zona afectada.

Prevención de los eccemas

❋ Los eccemas aparecen frecuentemente en algunas zonas sensibles del exterior de nuestro cuerpo. Suelen aparecer en los pliegues de la piel, en los codos, las rodillas, encima de las cejas o en la cara, que es el que más molesta, pues afea y acompleja. Muchas veces tienen que ver con algún tipo de **intolerancia alimentaria o reacción alérgica**.

❋ Para prevenir los eccemas es aconsejable **cuidar la alimentación**: tomar aceite de germen de trigo, dos perlas de onagra antes de cada comida, levadura de cerveza y no abusar del azúcar ni de las grasas animales.

❋ Muchos eccemas se evitan con una **buena higiene**, lavándose bien y utilizando jabones adecuados.

Ni moza sin espejo, ni abuela sin consejo.

REFRÁN POPULAR

Cuperosis

Cocimiento de hojas de abedul

Este remedio atenúa los enrojecimientos de la piel característicos de esta dolencia.

Ingredientes ❋ 2 cucharadas de hojas de abedul ❋ 1/4 l de agua

Preparación ❋ Poner las hojas de abedul a hervir en el agua durante 5 minutos, a fuego lento. A continuación, dejarlo reposar, enfriar y colarlo.

Uso ❋ Aplicar el cocimiento en la zona afectada durante unos 15 minutos con una gasa empapada y bien escurrida.

Pústulas después de la varicela

Crema regeneradora de aloe

La pulpa del aloe tiene, entre otras propiedades, la capacidad de suavizar esas secuelas.

Ingredientes ❋ 5 gotas de esencia de lavanda ❋ 25 g de pulpa de aloe ❋ 50 ml de glicerina

Preparación ❋ El primer paso es quitar la piel del aloe y después batir la pulpa. A continuación, mezclarla bien con la esencia de lavanda y la glicerina.

Uso ❋ Aplicar esta crema directamente sobre las pústulas del enfermo.

Fortalecer el cabello

Cada persona tiene un tipo de cabello distinto, por lo que hay que elegir qué tipo de champú es el más adecuado para cada uno. Además, existen remedios naturales para revitalizar el pelo.

Raíces débiles

Tinte de henna con tintura de romero

Gracias a la henna y al romero se da vigor al pelo, la raíz y el cuero cabelludo.

> **Ingredientes** ✳ 100 g de romero seco ✳ 70-100 g de henna ✳ 1 l de orujo o vodka

Preparación ✳ Echar el romero y el licor en un frasco de boca ancha y cerrar. Macerar durante 15 días, removiendo el contenido de vez en cuando. Una vez colada la maceración, poner la pulpa sobre una gasa y escurrirla hasta conseguir unas gotas de lo que será la tintura de romero. Son necesarios 10 mililitros, el equivalente a un vaso de chupito. Reservar esa tintura y en otro recipiente mezclar la henna con un poco de agua caliente, la suficiente para conseguir una pasta homogénea a la que se añadirá la tintura de romero: el tinte está listo para ser usado.

Uso ✳ Aplicar el tinte con un pincel sobre las raíces del pelo con cuidado de no mancharse la cara. A continuación se cubre el cabello con un gorro de baño y se deja actuar entre una hora y hora y media. Transcurrido este tiempo, sólo queda aclararse el pelo.

Cabello débil y deshidratado

Mascarilla nutritiva

Esta mascarilla a base de huevo, aceite y miel aportará brillo y fuerza a nuestro cabello.

> **Ingredientes** ✳ 1 huevo ✳ 1 chorrito de aceite de oliva ✳ 2 cucharadas de miel

Preparación ✳ Batir el huevo y mezclarlo con los otros dos ingredientes, hasta obtener una pasta intermedia, ni líquida ni sólida.

Uso ✳ Aplicar la mascarilla, friccionando bien el pelo. A continuación, cubrir la cabeza con una toalla húmeda durante media hora y lavarse con un champú adecuado.

> **El truco** ✳ Para mejorar el brillo del cabello, después de aplicar la mascarilla aclarar el pelo con agua mezclada con un poco de vinagre de manzana.

Cabello débil

Desayuno energético

Aunque parezca sorprendente, una buena alimentación ayuda a fortalecer el cabello.

Ingredientes ❋ I cucharada de germen de trigo ❋ I cucharada de levadura de cerveza ❋ I cucharada de lecitina de soja ❋ I cucharada de miel ❋ I yogur

Preparación ❋ Se diluyen todos los ingredientes en el yogur.

Uso ❋ Tomar cada día en ayunas. En 7 días, se notará cómo el pelo crece mucho más deprisa, con más brillo y fuerza.

Elegir un champú

❋ **Cada cabello es distinto** y necesita un champú diferente. Lo más importante es que éstos no sean perjudiciales para el pelo.

❋ El secreto de un pelo sano con un brillo natural es sencillo, usar **jabones ecológicos o champús naturales**.

❋ El champú de **manzana** resulta ideal para los niños; el de **miel y limón**, para los cabellos claros; el de **malva y caléndula**, para un cuero cabelludo debilitado; el de **arcilla**, para la caspa, etc.

Cabellos secos o grasos

En la naturaleza misma de nuestro cabello está el ser seco o graso. En el primer caso, es necesario hidratar el cuero cabelludo. En el segundo, hay que eliminar el exceso de grasa.

Cabellos secos y con caspa

Loción de limón y cebolla

Estos dos alimentos, presentes en todas las cocinas, aportan todos los nutrientes necesarios para vitalizar y embellecer el cabello.

Ingredientes ✳ Zumo de limón ✳ Zumo de cebolla ✳ Una cucharadita de miel de romero

Un cabello sano y bello

* Nada mejor que el **vinagre de manzana** para dar brillo y volumen al pelo. Para conseguirlo, después del lavado aclarar el cabello con un jarro de agua caliente mezclada con un chorro generoso de vinagre puro de manzana.

* **El secador es un enemigo del pelo,** el aire caliente lo electriza y lo daña, tanto por fuera como por dentro, en las raíces. Lo usaremos solamente cuando resulte imprescindible. Después de lavarse el pelo, siempre que sea posible, hay que secarse al aire libre, al sol.

* Una vez secado el pelo con la toalla, **activar el riego sanguíneo pasándose un cepillo** en sentido inverso, del cuello hacia la frente, dejando que los pelos vayan hacia delante. De ese modo, se revitalizan las raíces y se salvan los cabellos debilitados, que de otro modo acabarían cayendo.

Preparación * Mezclar ambos zumos a partes iguales y añadir la miel.

Uso * Masajear con firmeza el cuero cabelludo con esta solución antes de acostarse. Dormir con el pelo bien mojado y cubierto con una toalla o un trapo de tejido natural. Lavar y aclarar a la mañana siguiente.

El truco * Si en lugar de seco, el cabello es graso, es conveniente prescindir de la miel, pues se obtendría un efecto contrario al buscado.

Zumo de limón, zumo de bendición.

DICHO POPULAR

Cabello graso

Jugo de ortigas

La eliminación de las grasas animales y los fritos de la alimentación resulta muy eficaz contra los cabellos grasos. Con este jugo se obtiene una ayuda suplementaria.

Ingredientes * Ortigas

Preparación * Licuar las ortigas y añadirles un poco de agua en caso de que el jugo resulte muy espeso.

Uso * Por vía interna, este jugo diluido puede tomarse como cualquier otro bebedizo. Por vía externa, aplicarlo como loción por la noche y lavarse el pelo a la mañana siguiente con un champú adecuado.

Caspa y caída del cabello

Muchas razones explican la alopecia o caída del cabello: herencia familiar, agresiones externas o una mala alimentación. Existen varios remedios naturales que sirven para activar el crecimiento capilar. Algunos, además, son efectivos contra la caspa.

Caspa

Loción de romero y tomillo

Las propiedades de estas dos hierbas se juntan en este remedio anticaspa.

Ingredientes ✳ 1 cucharada de romero ✳ 1 cucharada de tomillo ✳ 1/2 l de agua

Preparación ✳ Llevar el agua a ebullición y añadir el romero. Dejarlo 5 minutos al fuego y retirarlo. Agregar entonces el tomillo y dejar reposar el cocimiento 15 minutos más. Por último, tras reposar, debe colarse.

Uso ✳ Aplicar el cocimiento en seco. No se debe aclarar el pelo después.

El Consejo de la Botica

Los minerales y las proteínas son esenciales para mantener el cabello sano. Se puede conseguir añadiendo zanahorias, puerros, ajos y gelatina a nuestra dieta. La vitamina C también puede ser una buena aliada.

El truco ✳ Si además de caspa se tiene el pelo graso puede añadirse una cucharada de vinagre de manzana a la loción de romero y tomillo.

Tratamiento de la alopecia

Loción de raíz de ortiga

Un remedio de elaboración sencilla a base de una hierba muy beneficiosa para el pelo.

Ingredientes ✳ 1 puñado de raíz de ortiga troceada ✳ 1/4 l de agua

Preparación ✳ Cocer la raíz de ortiga a fuego lento durante 10 minutos.

Uso ✳ Aplicar en el cuero cabelludo y masajear con firmeza.

Canción de la ortiga

*"Ortiga de mi vida
manto de la arboleda
bálsamo de heridas."*

Caída del cabello

Jarabe de algas

El *agar-agar* es rico en queratina, el *hijiki* lo es en calcio y el *kombu* en yodo.

Ingredientes ❋ 1 l de vino blanco ❋ 10 g de algas *agar-agar* ❋ 10 g de algas *hijiki* ❋ 10 g de algas *kombu*

Preparación ❋ Echar el vino y las algas en una cazuela. Hervir a fuego lento 15 minutos y a continuación verter en un tarro hermético. Después de macerar en este tarro 3 días, en un lugar seco y oscuro, colar el cocimiento. Es recomendable que el recipiente esté caliente, para licuar la gelatina del *agar-agar*. Por último, añadir melaza, tanta como líquido haya resultado de colarlo, y mezclar bien.

Uso ❋ Tomar un sorbito de jarabe tres veces al día, antes de cada comida. Como el *agar-agar* es un producto muy gelatinoso, es probable que se tenga que calentar el preparado al baño María cada vez que se vaya a consumir.

El cuidado de los ojos

Forzar la vista, no descansar lo suficiente y la falta de sueño son factores que repercuten en la salud de nuestros ojos y, en ocasiones, en su aspecto. El pepino y la eufrasia pueden ayudarnos.

Ojeras

Aloe vera y pepino

Sus pulpas son muy efectivas para devolver a los ojos su aspecto normal.

Ingredientes * Pulpa de aloe vera * Pepino

Preparación ✳ Extraer la pulpa del aloe vera y cortar dos rodajas de pepino.

Uso ✳ Untar un poco de pulpa de aloe vera en las ojeras y aplicarse a continuación una rodaja de pepino en cada ojo mientras se descansa sentado o recostado en una silla.

Alimentación para la vista

✳ La alimentación es, como para tantas otras cosas, primordial para mejorar la vista. En este caso, son especialmente recomendables una hortaliza y una fruta con alto contenido en vitamina A: la **zanahoria** y el **arándano**.

Ojos irritados o con conjuntivitis

Infusión de perejil

Aplicándola con una pequeña gasa se reduce la inflamación ocular.

Ingredientes ✳ 1 ramita de perejil ✳ 1 tacita de agua

Preparación ✳ Llevar el agua a ebullición y retirarla del fuego. Añadir el perejil y dejar reposar la solución unos minutos antes de colarla.

Uso ✳ Empapar una gasa en la infusión de perejil. A continuación escurrirla y aplicarla directamente sobre el ojo. Mantenerla así 10 minutos. Pronto se notará la mejoría.

Ojos legañosos o con orzuelos

Lavado ocular con agua de eufrasia

La eufrasia es una planta muy usada en oftalmología. En este caso, se aplica para la limpieza y la regeneración.

Ingredientes ✳ 1 cucharadita de eufrasia ✳ 1 vaso de agua

Preparación ✳ Cocer la eufrasia durante 10 minutos a fuego lento y dejarla templarse.

Uso ✳ Aplicarla con algodón sobre cada ojo, incluso se puede escurrir el agua de eufrasia directamente en los ojos.

El Consejo de la Botica

Un recurso ancestral y que nunca falla contra los orzuelos es una llave oxidada. Se deja la llave toda la noche al sereno para que coja óxido y posteriormente se pasa sobre el ojo afectado. Por otra parte, masticar dos granos de pimienta roja ayuda a combatir esas antiestéticas bolsas que a veces salen debajo de los ojos.

Poema

"Tu mirada es igual que las rosas que amanecen llenas de rocío. Tu mirada es tan limpia y hermosa que te admiran el cielo y las rosas."

Vista cansada

Demasiadas horas delante de la pantalla del ordenador u otros excesos del trabajo tienen consecuencias inmediatas en los ojos. Informáticos, estudiantes y amas de casa son las principales víctimas de la fatiga ocular, también conocida como vista cansada.

Fatiga ocular

Cocimiento de flor de aciano

Este remedio también resulta beneficioso para los párpados caídos.

Ingredientes ❋ 1/4 l de agua ❋ 2 cucharadas soperas de flor de aciano

Preparación ❋ Echar la flor de aciano en el agua y dejarla hervir 5 minutos a fuego lento. Se retira del fuego y se deja posar; cuando esté frío, colarlo.

Uso ❋ Aplicar untándolo en un algodón de disco. Tras echar unas gotas dentro del ojo, para mejorar la vista cansada, dejar el algodón directamente sobre el párpado varios minutos. Este remedio puede alternarse con una cataplasma de zanahoria.

Limpieza ocular natural

❋ **Frotarse los párpados con saliva** cada mañana al despertarse es un modo de mantenerlos siempre limpios. Debe hacerse siempre en ayunas, para que la saliva no esté sujeta a la acción de los ácidos de la digestión.

Ejercicios oculares

Podemos ayudar a nuestros ojos con unos sencillos ejercicios:

❋ **Mover con lentitud los ojos hacia arriba, hacia abajo,** hacia la derecha y hacia la izquierda, durante unos 3 o 4 minutos cada día, resulta muy beneficioso pues ayuda a desarrollar los músculos oculares.

❋ Cuando se está muy cansado, es conveniente **tomarse 5 minutos para el descanso de los ojos y de la vista.** Simplemente deben frotarse las manos y ponerlas sobre los ojos en forma de cuenco, manteniendo esta postura durante varios minutos.

Vista cansada

Antifaz de lavanda

Tras horas de forzar la vista, la lavanda y el lino dan a los ojos un merecido descanso. Además, el fragante aroma de la lavanda facilitará la relajación.

Ingredientes ❋ 1 antifaz de algodón ❋ Semillas de lino ❋ Lavanda

Preparación ❋ Llenar el antifaz con las semillas de lino y la lavanda a modo de saquito.

Uso ❋ Sentarse y ponerse el saquito de lavanda en los ojos. Es conveniente quedarse así 10 o 15 minutos.

Párpados caídos, ojeras

Cataplasma de zanahoria

Esta fórmula es un gran regenerativo de las células oculares.

Ingredientes ❋ 1 zanahoria ❋ 1/2 pepino

Preparación ❋ Triturar la zanahoria y el pepino sin piel y colocarlos sobre una gasa.

Uso ❋ Aplicar la cataplasma sobre el ojo que se quiera tratar durante varios minutos.

Labios sanos y bellos

L os labios son muy sensibles, y los factores externos pueden per-judicarlos con facilidad. Los problemas que los afectan con más frecuencia son las boqueras, la falta de hidratación y las grietas; todos ellos de fácil solución con remedios naturales hechos en casa.

Grietas en los labios

Pomada de cera y aceite

Una forma natural de hidratar los labios agrietados por el frío u otros agentes.

Ingredientes ✴ Cera virgen de abejas ✴ Aceite de almendras

Preparación ❊ Mezclar los dos ingredientes en un caso al fuego y esperar a que la cera se deshaga y se mezcle con el aceite.

Uso ❊ Una vez se haya enfriado y solidificado la preparación, se aplica en la zona afectada dos veces al día, al levantarse y antes de acostarse.

Boqueras

Cataplasma de parietaria

Las molestas boqueras pueden curarse con parietaria, una planta que crece en las grietas de paredes y rocas y que posee muchas propiedades curativas.

Ingredientes ❊ Hojas de parietaria

Preparación ❊ Sencillamente se deben machacar unas cuantas hojas de parietaria con las manos.

Uso ❊ Aplicar las hojas, a modo de cataplasma, sobre las boqueras y poner una tirita para sujetarlas. Utilizar el remedio cada noche hasta que desaparezcan.

La canción de la lágrima

"Una lágrima tuya
en la arena cayó.
¡Ay si yo la pudiera encontrar!
La pondría en tus labios
para volverte a besar."

El Consejo de la Botica

Un remedio para las calenturas de los labios, inofensivo incluso para los niños, es la pasta de bicarbonato. Mezclando bicarbonato sódico y agua se consigue un preparado que se aplica en los labios hasta tapar la "burbujita". La pasta dentífrica es igualmente eficaz.

Prevención de las boqueras

Levadura de cerveza y germen de trigo

La vitamina B6, presente en la levadura de cerveza, previene la aparición de boqueras.

Ingredientes ❊ Levadura de cerveza ❊ Germen de trigo

Uso ❊ Tomar, antes de las comidas, una cucharada sopera que contenga los dos ingredientes a partes iguales.

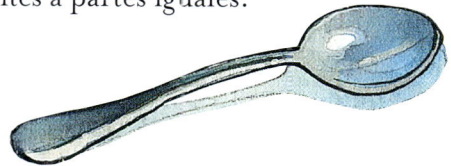

Una llave contra las boqueras

Una rápida solución para aliviar las boqueras puede ser aplicarse una llave de hierro, como las de antes. Si se deja al sereno durante un buen rato y luego se pasa por la boquera, alivia el escozor.

El cuidado de las manos

Nuestras manos hablan por nosotros. Su aspecto también cuenta a los demás cómo somos y qué hacemos. Es importante dedicarles un poco de atención, puesto que por lo general suelen tener carencias de hidratación y presentar una apariencia reseca.

Manos agrietadas

Agua de rosas con glicerina

Esta vieja fórmula es anterior a la existencia de los cosméticos industriales y más económica que éstos.

Ingredientes ✳ 300 ml de agua mineral ✳ 2 rosas ✳ Glicerina

Preparación ✳ Para elaborar el agua de rosas hay que quitar los pétalos a las rosas, ponerlos en un bote de cristal con agua mineral y cerrarlo. Después de agitar esta mezcla, se dejan macerar los pétalos durante 48 horas. Pasado ese tiempo, se cuela el líquido resultante y se añade la glicerina. Se guarda en un frasquito y se vuelve a mezclar bien.

Uso ✳ Es importante aplicar el agua de rosas con esmero, en el dorso de las manos, entre los dedos y en las uñas, y seguidamente dejarla secar. Por esto último es recomendable ponérsela al acostarse o cuando se prevea que no se utilizarán las manos durante un buen rato.

Uñas y belleza

✳ **Al cortarse las uñas** hay que tener en cuenta que las cortadas en cuarto menguante son más fuertes y crecen menos que las cortadas en cuarto creciente. El mejor día de la semana para cortarlas es el viernes.

✳ **Muchas personas se comen las uñas, normalmente por nervios.** Se consigue un efecto repelente machacando un ajo en un mortero y añadiéndole un poco de aceite. Sólo hace falta meter los dedos en el preparado y dejarlos un rato.

Tomando frutos secos y semillas de sésamo se aportan a nuestras uñas grandes dosis de calcio, básico para su desarrollo. La infusión de salvado de avena es otra buena fuente de calcio.

✳ **El pepino, además de hidratante, purificante y refrescante**, evita que las uñas se rompan con facilidad. Para conseguirlo, licuar unos cuantos pepinos con su piel y poner el jugo dentro de un recipiente poco profundo. Introduciendo las puntas de los dedos en este recipiente un rato cada día se observará cómo se refuerzan las uñas.

Manos resecas

Crema de patata, leche y miel

Con tres productos tan básicos como éstos se puede conseguir una crema hidratante completamente natural.

Ingredientes ✳ 1 patata ✳ 1 o 2 cucharadas de aceite de oliva (opcional) ✳ 2 cucharadas de leche ✳ 2 cucharadas de miel

Preparación ✳ Cocer y pelar la patata, triturarla con un tenedor y añadirle la leche, la miel y el aceite de oliva. Hay que conseguir una emulsión lo más homogénea posible.

Uso ✳ Aplicarlo dos o tres veces por semana.

El Consejo de la Botica

Las manos son nuestra tarjeta de presentación; dicen mucho de uno mismo, por lo que es importante mantenerlas en buen estado. El limón, entre otras muchas virtudes, también puede embellecerlas . Si se dan todos los días unas friegas en las manos con su zumo, se suavizará la piel y, además, se endurecerán las uñas.

Pies cansados y doloridos

A pesar de lo mucho que los utilizamos, prestamos poca atención a los pies; sólo nos acordamos de ellos cuando nos duelen. Estas molestias se pueden aliviar con un baño de pies o pediluvio.

Pies cansados

Pediluvio con lavanda

Con este baño la sangre retorna hacia el corazón con más facilidad, ya que los cambios de temperatura mejoran la circulación.

Ingredientes ✳ Bicarbonato sódico ✳ 1 cucharada sopera de sal gruesa ✳ 10 gotitas de esencia de lavanda

Preparación ✳ Preparar dos baños, uno de agua caliente y otro de agua fría. Echar en ambos un poco de bicarbonato, la sal y la lavanda.

Uso ✳ Meter los pies alternativamente primero en el baño caliente y después en el frío.

El Consejo de la Botica

El alto grado de sílice contenido en la ortiga favorece la circulación y flexibiliza la pared de las venas. Se puede combatir la mala circulación de la sangre con un cocimiento de ortigas. Si se desea, se puede completar su efecto con un ungüento para las varices.

Pies doloridos

Pomada de ginkgo

Esta pomada relajante favorece y tonifica, mediante el masaje, las paredes de las venas.

Ingredientes ✳ 40 ml de tintura de *ginkgo* ✳ 90 g de lanolina ✳ 25 g de hojas trituradas de *ginkgo* ✳ 250 ml de alcohol de 96° ✳ 100 ml de agua mineral

Preparación ✳ La pomada se elabora con lanolina y tintura de *ginkgo*. La tintura se consigue mezclando las hojas trituradas de *ginkgo* con alcohol y agua mineral. Después de dejarla macerar durante 2 semanas, se filtra el líquido y se guarda en un recipiente oscuro. Para mezclar la tintura con la lanolina se calienta ésta previamente al baño María y se remueve hasta conseguir una pomada homogénea.

Uso ✳ Aplicar la pomada en los pies, masajeando todos los dedos y posteriormente las plantas.

Pies cansados y doloridos

Infusión para un baño de pies

Este remedio a base de hierbas hace mucho más efectivo el tradicional baño de pies.

Ingredientes ❋ 1 puñado de manzanilla ❋ 1 puñado de laurel ❋ 1 puñado de poleo-menta ❋ 1 pizca de bicarbonato ❋ 2 l de agua

Preparación ❋ Llevar el agua a ebullición y añadirle las tres hierbas. Dejarlo reposar, colar y agregar el bicarbonato.

Uso ❋ Verter el agua en una jofaina o palangana agregándole la suficiente agua caliente para poder tomar un baño de pies.

Cómo calmar las piernas hinchadas y cansadas

❋ Muchos casos de piernas hinchadas y cansadas se deben a un problema de drenaje de las venas, por lo que **un masaje es la mejor solución**. Para realizarlo utilizar como lubricante un macerado de ajo y aceite de oliva.

❋ **Tumbarse con las piernas en alto** durante varios minutos, permite a las piernas y al cuerpo entero descansar.

❋ **Cuidar la alimentación también es aconsejable.** Reducir al mínimo las grasas y las carnes rojas, tomando en su lugar aguacate, aceite de oliva, cebolla hervida, fresas, pescado azul, etc.

Celulitis y vello no deseado

Tanto la celulitis como el vello no deseado son preocupaciones muy frecuentes en las mujeres. Con elementos sencillos y naturales, como el tomate, el pomelo, la hiedra… podemos solucionar parte de estos síntomas no deseados.

Tratamiento de la celulitis

Cataplasma de hiedra

La hiedra se utiliza en cosmética como anticelulítico. Este sencillo remedio casero permite ahorrar dinero en cremas.

Ingredientes ✳ 1 bol de agua caliente ✳ 1 puñado de hojas de hiedra ✳ 20 gotas de esencia de manzanilla

El Consejo de la Botica

El tomate es uno de los coloretes más naturales que existen. Para dar color a las mejillas, poner una rodaja de esta hortaliza en cada pómulo, y mantenerlas allí durante 10 minutos. Si pica, aplicar crema hidratante.

Preparación ❋ Picar la hiedra y ponerla dentro del bol con la esencia de manzanilla. Remover bien los tres ingredientes y extender la mezcla en una gasa.

Uso ❋ Frotar con agua caliente y un guante de crin la zona afectada para que se abran los poros y la piel absorba bien la mezcla. A continuación secarla, aplicar la cataplasma y vendarla con gasa y esparadrapo para sujetarla, dejándola actuar 3 o 4 horas. Se aplicará dos o tres veces por semana.

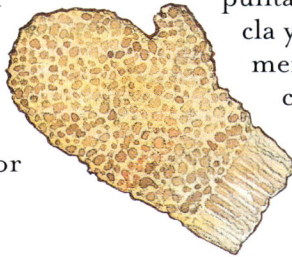

Anticelulítico

Posos del café

Un buen masaje con café puede ayudar a reducir esta alteración del tejido cutáneo.

Ingredientes ❋ Posos de café

Uso ❋ En primer lugar frotar la zona afectada con un guante de crin y agua hasta que la piel se ponga coloradita. A continuación, tomar un puñado de posos de café y frotarlos con movimientos circulares durante un rato. Luego limpiar la zona con agua templada y jabón.

Decoloración del vello

Agua oxigenada con talco

Estos dos productos son ideales como alternativa a la depilación.

Ingredientes ❋ Agua oxigenada especial para teñir ❋ 3 cucharadas de polvos talco ❋ Amoníaco

Preparación ❋ Mezclar medio vaso de agua oxigenada, los polvos talco y una gota de amoníaco y remover. Dejar en reposo hasta que la pasta suba.

Uso ❋ Poner una bola de algodón en la punta de un palo, empaparla en la mezcla y aplicar en brazos y piernas, primero a contrapelo y luego en sentido contrario. Dejar actuar unos minutos hasta que empiece a picar. Finalmente retirar con una esponja y agua.

Contra las verrugas

❋ Existen dos remedios para combatirlas. El primero consiste en **frotarles suavemente un ajo** durante 5 o 6 minutos, un par de veces al día. Tras unos días éstas irán tomando un color negruzco y acabarán desapareciendo. El segundo consiste en dejar actuar encima de ellas el **látex de la celidonia**, una sustancia altamente cauterizante que las irá quemando poco a poco, hasta hacerlas desaparecer.

Pies sanos

Los pies son la base del cuerpo y es vital mantenerlos en buen estado. No andar descalzos, utilizar calzado adecuado y mantener una buena higiene pueden retardar la aparición de anomalías.

Durezas en los pies

Cataplasma de hiedra y ajo

La propiedad emoliente de la hiedra y la fuerza cáustica del ajo se combinan aquí para combatir las durezas en los pies.

Ingredientes ✲ Hiedra ✲ Ajo

Preparación ✲ Machacar y mezclar la hiedra y el ajo y colocarlos en una gasa.

Uso ✲ Aplicar la cataplasma sobre la zona afectada. Evitar que la mezcla entre en contacto con el resto de la piel, mediante un esparadrapo recortado o aplicando vaselina alrededor de dicha zona.

Hongos en los pies

Infusión de canela

En forma de lavados, la canela actúa en la piel contra ciertos hongos y bacterias, que pueden afectar a nuestros pies.

Ingredientes ✲ 5 g de canela en rama ✲ 1 taza de agua

Preparación ✲ Hervir el agua y echarla sobre la canela. Tapar y dejar reposar 10 minutos.

Uso ✲ Lavar varias veces la zona afectada con la infusión, ayudándose con una compresa o algodón. Dejar que se seque de forma natural.

Los juanetes

✲ Una buena forma de combatir los juanetes es pasar todos los días unos 20 minutos con los **pies en alto**, a unos 20 o 30 centímetros de la cabeza.

✲ Existe también una técnica de masaje para aliviar la dolencia de juanetes. Se trata de **estirar el dedo gordo del pie** con una mano mientras se fija con la otra y a continuación girarlo con suavidad sobre sí mismo hacia derecha e izquierda.

✲ Pero la mejor vacuna contra los juanetes es utilizar siempre un **calzado sano**.

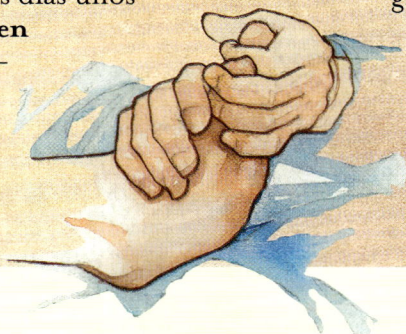

Pies dañados por el sudor

Crema natural de aguacate

Este remedio es muy eficaz contra las escoceduras e inflamaciones en los pies debidas al sudor y al rozamiento.

Ingredientes ✳ I aguacate ✳ 2 cucharadas de aceite de oliva virgen

Preparación ✳ Se pela un aguacate y se hace una pequeña papilla con la pulpa, que se mezclará con el aceite de oliva. Una vez se ha conseguido una sustancia homogénea, se reserva en el frigorífico.

Uso ✳ Se aplica fría a modo de crema en la parte herida, dejando que sea absorbida durante media hora. Ambos ingredientes flexibilizan y regeneran la piel.

El truco ✳ Las rozaduras de los zapatos pueden escocer e inflamar los pies. Se mezcla la pulpa de un aguacate y aceite de oliva y se hace una papilla para aplicar bien fría durante 30 minutos sobre la herida.

Energía vital

Remedios naturales

para recuperar las fuerzas

Estrés y ansiedad

La vida cotidiana nos impone a menudo un ritmo vertiginoso que supera nuestros límites. Cuando sentimos que nuestro cuerpo ya no aguanta la presión, lo mejor es pararse, tomarse una infusión y buscar un lugar que nos invite a relajarnos.

Ansiedad

Infusión de avena

Este cereal posee propiedades sedantes y, además, fortalece el sistema nervioso.

Ingredientes * 1 cucharada de copos de avena * 1/4 l de agua

Preparación * Llevar el agua a ebullición y agregar la avena. Acto seguido, retirarlo del fuego y dejarlo reposar 10 minutos.

Uso * Debe tomarse una taza de esta infusión antes de cada comida.

El Consejo de la Botica

La ansiedad se manifiesta a veces mediante el apetito. Aquellos que quieran vencer la ansiedad por la comida pueden tomarse una infusión de lúpulo cada vez que sientan la necesidad, pero no más de tres trazas al día.

Ansiedad

"Ansiedad, de tenerte en mis brazos, musitando palabras de amor. Ansiedad de tener tus encantos y en la boca volverte a besar."

Agotamiento nervioso

Licor de dátiles

Los dátiles son altamente energéticos, el coñac posee propiedades vasodilatadoras y la vainilla es un excelente tónico nervioso.

Ingredientes * 20 dátiles sin hueso * 1 trozo de palo de vainilla * 1 botella de coñac

Preparación * Poner los dátiles y la vainilla en un tarro grande y rellenarlo con coñac. Taparlo bien y guardarlo en un lugar fresco y oscuro. Macerar 40 días, agitándolo cada dos o tres.

Uso * Tomarlo con moderación al sentirse decaído. Un chupito es una dosis suficiente para el agotamiento nervioso.

Estrés

Azahar con hierbabuena

Estas dos plantas tienen un efecto relajante en nuestro organismo.

Ingredientes ❋ 1 puñado de flor de azahar ❋ Agua ❋ 2 hojas de hierbabuena

Preparación ❋ Dejar macerar la flor de azahar en el agua durante un día entero. A continuación, hacer una infusión con la hierbabuena y añadírsela.

Uso ❋ Para multiplicar su efecto, hay que tomarlo al aire libre, o al menos con la ventana abierta.

Digitopuntura contra el estrés

❋ **Esta técnica, consistente en dar ligeros masajes con la punta del dedo**, puede ser un alivio para el estrés. Existen tres zonas indicadas: en la muñeca, por la parte interior, en la línea que une el ombligo y el esternón, y en un punto en lo alto de la cabeza, que se encuentra siguiendo la línea que une las orejas.

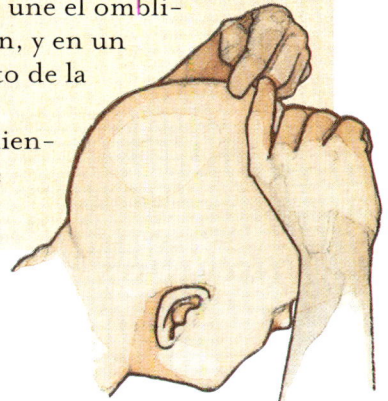

Falta de energía

Muchas veces, la principal consecuencia de la carencia de vitaminas o de estados depresivos es la falta de energía. Una dieta rica en alimentos energéticos es el mejor de los remedios.

Falta de energía

Paté de avellanas y miel

Este paté es un gran aporte energético, rico en vitamina E, proteínas y sales minerales.

Ingredientes * 100 g de margarina vegetal * 100 g de avellanas * 3 cucharadas de miel

Preparación * Mezclar la margarina y la miel con las avellanas trituradas, y ponerlo en un recipiente grande, a fuego lento. Remover hasta conseguir una masa homogénea y dejarlo enfriar.

Uso * Este paté es ideal como desayuno, merienda o tentempié. Sólo es desaconsejable para diabéticos.

La canción de la primavera

*"De colores,
de colores se visten los campos
en la primavera.
De colores,
de colores son los pajarillos
que vienen de fuera."*

Falta de minerales

Paté remineralizante

Un remedio culinario para recargar las pilas de manera apetitosa.

Ingredientes * 6 champiñones * 1/2 cebolla * 1 chorro generoso de aceite de oliva * 1 cucharada de levadura de cerveza

Cómo recuperar la energía

* **Masaje.** El masaje es una buena terapia contra el agotamiento nervioso, además de una manera de comunicarse, de transmitir energía y sentimientos a través de las manos. Un buen masaje en los pies utilizando aceite de oliva nos repone del cansancio y de los nervios.

Baños de romero. Muchos problemas se arreglan con un baño de agua caliente. Si al agua del baño se le añade romero, se combatirá el estrés, el desgaste nervioso y las preocupaciones diarias. Para prepararlo, hay que hervir dos puñados de romero en tres litros de agua entre 5 y 7 minutos, colarla y añadirla al agua del baño.

Preparación ❋ Triturar la misma cantidad de cebolla que de champiñones y rehogarlo en una sartén con el aceite de oliva. A continuación, añadirle levadura de cerveza para espesar. En caso de que se quiera más espeso se puede agregar pan rallado.

Uso ❋ Este paté remineralizante puede tomarse a cualquier hora del día, sobre unas tostaditas de pan.

Nervios

Zumo de pepino y apio

Este remedio a base de hortalizas frescas ayuda a fortalecer los nervios, aportando vitalidad.

Ingredientes ❋ Pepino ❋ Apio

Preparación ❋ Limpiar el pepino y el apio y pelarlos, dejando al primero algún resto de piel para que no se repita. A continuación, licuarlos y mezclarlos a partes iguales.

Uso ❋ Tomar medio vaso en ayunas. Las personas con hipertensión deben tomar este zumo de apio con moderación.

Depresión y melancolía

La depresión, un problema demasiado corriente en nuestros días, no nos deja ver la vida tal como es. La apatía nos hace vivir sin emociones, perdiendo vigor y energía. Por eso, es muy importante aprender a darle la vuelta a las situaciones negativas.

Depresión

Macerado de ajos

Este remedio purifica y tonifica el organismo, previniendo posibles depresiones.

Ingredientes * 150 g de ajos * 150 g de miel * Vinagre de manzana * Agua destilada

Preparación * Picar los ajos sin piel y echarlos en un recipiente de boca ancha. A continuación, verter el vinagre y el agua a partes iguales hasta que los cubran. Acto seguido, cerrar herméticamente el bote. Dejarlo macerando en un lugar fresco y oscuro durante 4 días. Pasado ese tiempo, una vez filtrado el líquido a través de un paño de muselina o lino, se le agrega la miel y se agita bien. Si se prefiere, añadir 150 mililitros de orujo en el tarro de maceración de los ajos.

Uso * Tomar una cucharada sopera antes de cada comida. Para una correcta conservación, almacenar en un lugar fresco y dentro de recipientes herméticos.

El Consejo de la Botica

Provocarse estornudos con una pluma de ave resulta una terapia instantánea contra los bajones de moral, pues los estornudos expanden los pulmones e incluso la mente. Una infusión de diente de león antes de las comidas también ayuda a combatir la apatía.

Desfallecimientos, somnolencia

Bebida energética natural

Ésta es la solución más sana para esos desfallecimientos tan habituales en primavera.

Ingredientes * 1 naranja * 1 rodaja de piña natural * 1/2 plátano * 1 cucharada de germen de trigo

Preparación * Mezclar el zumo de la naranja con el resto de ingredientes, con la ayuda de una batidora.

Uso * Consumir al momento para preservar todas sus propiedades.

Melancolía

Zumo de frutas y pasiflora

Este preparado resulta un buen regenerador vital para superar los ataques de melancolía.

Ingredientes ❊ 750 ml de agua mineral ❊ 200 g de uva ❊ 1 manzana ❊ 1 limón ❊ Infusión de 2 cucharaditas de pasiflora

Preparación ❊ Se hace el licuado de uva, manzana y limón y se mezcla con el agua mineral y la infusión de pasiflora, la cual conseguimos infundiéndola 10 minutos.

Uso ❊ Hay que conservar este zumo en el frigorífico e irlo tomando a lo largo del día.

Ayuda para la depresión

❊ **La mente.** Hay que ver las cosas desde otro punto de vista. Transmitirse ánimo y alegría. Dedicar al menos 5 minutos al día a hacer una terapia de autoestima. Otra buena medicina para el espíritu son los trabajos creativos: pintar, escribir, tocar la guitarra... cualquiera de éstos sirve.

❊ **El cuerpo.** Muchas de las crisis de la mente tienen su origen en el cuerpo. Es importante tener limpio el organismo para mantener sano el espíritu. Una dosis de vitamina C en el desayuno ayuda a superar los momentos bajos.

El tono vital

En algunas ocasiones, sin ningún motivo aparente, nos sentimos sin fuerzas, como si se nos acabaran las pilas. Una buena alimentación nos ayudará a recuperar la energía para seguir adelante.

Bajada del tono vital

Caldo reconfortante

Un buen caldo ayuda a subir el tono vital.

Ingredientes ✴ 5 ajos ✴ 2 tostadas de pan integral ✴ 1 l de agua ✴ 1 ramillete de tomillo ✴ 1 pizca de sal ✴ 1 chorrito de aceite de oliva

Preparación ✴ Hervir todos los ingredientes durante media hora a fuego lento y, a continuación, colar.

Uso ✴ En los casos de acidez gástrica, o si se prepara para niños, es recomendable reducir la cantidad de ajo y de tomillo.

El Consejo de la Botica

La principal característica de la astenia es el cansancio súbito, un decaimiento físico e intelectual. Una infusión de menta y cola de caballo puede ser de gran ayuda. No obstante, ante un cansancio persistente deberá consultarse al médico para descartar algún trastorno asociado al agotamiento.

Alimentos que aportan vitalidad

✴ **La avena.** La avena es un cereal rico en hierro, almidón y gluten, y resulta muy adecuado para todas aquellas personas que deseen aumentar su capacidad energética, o quienes busquen superar una bajada de tono vital. Mezclando unas cuantas cucharadas de este cereal con leche de avena se elabora un reconstituyente ideal.

✴ **Aguacate.** Un paté de aguacate siempre alimenta, revitaliza y cura. Para prepararlo, hay que untar el aguacate, previamente pelado, en pan tostado y añadirle miel.

Decaimiento

Ensalada energética

Esta ensalada aporta mucha energía y vitaminas y, gracias al apio, al diente de león y al limón, limpia las "cañerías" del cuerpo.

Ingredientes ✳ 100 g de apio ✳ 100 g de mayonesa ✳ 25 g de avellanas ✳ 25 g de nueces ✳ 2 manzanas ✳ 1 limón ✳ 1 pizca de jengibre ✳ Hojas de diente de león

Preparación ✳ Se trocea el apio y las manzanas, con piel. Si se prefiere, las avellanas y las nueces pueden picarse. Se exprime el limón y se mezclan todos los ingredientes en un recipiente grande. A continuación, se añade el jengibre y el diente de león.

Uso ✳ Esta ensalada es especialmente apropiada en primavera, en aquellos días en que uno se encuentra decaído y bajo de energía.

Astenia primaveral

Zumo de pomelo con jalea

Un remedio útil para ese estado de cansancio y fatiga característico de esta dolencia.

Ingredientes ✳ 1 pomelo ✳ 1 ampolla de jalea real ✳ Canela en rama

Preparación ✳ Exprimir el zumo del pomelo y mezclarlo con la jalea real y la canela en rama.

Uso ✳ Este zumo debe tomarse por las mañanas, para empezar el día con fuerza y ánimo.

El insomnio

El sueño tiene una gran importancia, hasta el punto que dormir mal afecta a nuestra vida y a nuestra salud. Pero podemos luchar contra el insomnio con la ayuda de las hierbas aromáticas y la flor de azahar, perfecta para relajarse antes de acostarse.

Insomnio

Almohada relajante

Un buen sueño depende de diversos factores, como el tipo de colchón o la almohada que se use. La que se propone es relajante y aromática.

Ingredientes ✳ 25 g de azahar ✳ 150 g de manzanilla ✳ 200 g de eucalipto ✳ 150 g de algodón

Preparación ✳ La almohada no debe ser muy ancha, hay que evitar las almohadas grandes. En primer lugar se necesita una funda que se rellenará con algodón, en ningún caso fibras sintéticas. A continuación, se introducirán las hierbas: manzanilla para relajar, eucalipto para dar un olor agradable y fresco que ayudará a tener buenos pensamientos y por último, aunque no menos importante, azahar, maravilla contra la ansiedad y las causas que habitualmente provocan el insomnio.

Uso ✳ Hay que sacarla al sol de vez en cuando y cambiarla cada año. Esta almohada de hierbas quita el insomnio y además relaja la zona de las cervicales, puesto que estas plantas también actúan como relajantes musculares.

Insomnio a causa de la tensión

Masaje de azahar

La flor de azahar nos deleita con su olor, tan intenso en primavera. Aplicada en forma de masaje permite aliviar las tensiones acumuladas durante el día.

Ingredientes ✳ 1 chorrito de aceite de oliva ✳ 4 gotas de esencia de azahar

Preparación ✳ En un pequeño recipiente mezclar el aceite de oliva y las gotas de esencia de azahar.

Uso ✳ Aplicar un masaje en las sienes con el preparado; primero efectuarlo en un sentido y luego en el otro.

El truco ✳ La mezcla de aceite de oliva y flor de azahar también se puede aplicar en el pie; exactamente en el punto donde flexiona el dedo gordo. Este punto está lejos de la cabeza pero es ideal, como acto reflejo, para inducir al sueño.

Consejos para dormir bien

A continuación enumeramos una serie de consejos que ayudarán a que nuestro sueño sea plácido, seguido y relajante.

✳ Es muy importante **cenar poco**, evitar el alcohol y el tabaco.

✳ También es aconsejable tomar, antes de acostarse, un vaso de **leche o un yogur**.

✳ La **lechuga** puede resultar un buen sedante, pero no debe tomarse por la noche porque es indigesta y produce gases.

✳ Hay quien también toma **hojas de naranja o de limón** en infusión.

✳ Finalmente, se puede optar por tomar un **cocimiento templado de cáscaras de naranja y de limón**, todas las noches antes de acostarse.

Las etapas de la vida

Soluciones para todas las edades

Un embarazo saludable

Las náuseas, el dolor de cabeza y el estreñimiento son las molestias más frecuentes durante el embarazo, sobre todo en los primeros meses de gestación. Los productos naturales pueden ayudar a sobrellevar estos malestares tan habituales en esta etapa de la vida.

Náuseas en el embarazo

Licuado de jengibre

Remedio para rebajar las ganas de devolver que sufren muchas embarazadas.

Ingredientes ✳ 1 puntita de jengibre en polvo ✳ 1 vaso de agua

Preparación ✳ Se disuelve el polvo de jengibre en el vaso de agua.

Uso ✳ Tomarlo cuando se sientan las náuseas. Indicárselo al especialista en las revisiones periódicas.

Alimentos para embarazadas

✳ **Las mujeres en estado tienen que prestar atención a su alimentación:** es conveniente que eviten los alimentos ácidos y aquellos que, individualmente, hagan daño o sienten mal. Deben rechazarse el café y los azúcares, y tomar cantidades suficientes de alimento, pues la madre comparte la comida con el feto.

Dolor de cabeza en embarazadas

Alcohol de lavanda

Tomar analgésicos no es recomendable en el embarazo; la lavanda es un buen sustituto.

Ingredientes ✳ 10-15 gotas de esencia de lavanda ✳ Alcohol de friegas (70°)

Preparación ✳ Mezclar la esencia de lavanda con un poco de alcohol de friegas.

Uso ✳ Untar un pañuelo y colocárselo en la cabeza, en la nuca y en la frente.

✳ Durante el embarazo se pueden suplir las carencias en **vitaminas y minerales** con alimentos naturales. La levadura de cerveza aporta vitaminas del grupo B, el sésamo molido es rico en calcio, del germen de trigo se obtiene vitamina E y los frutos secos aportan magnesio.

✳ **Un desayuno completo** muy recomendable para embarazadas sería un yogur natural o leche, una cucharada de germen de trigo, otra de sésamo molido, otra de levadura de cerveza y otra de melaza.

El Consejo de la Botica

Las embarazadas tienen que ir con cuidado al ingerir determinadas hierbas. Las más recomendables para ellas son la manzanilla para la digestión y la corteza de sauce para los dolores. Estos dos productos naturales pueden tomarse durante 15 días para, a continuación, descansar al menos otros 15. Abstenerse de tomar otras plantas.

Estreñimiento en las embarazadas

Lino dorado

Este agua de lino dorado es un buen remedio, pero debe complementarse con una dieta sana y equilibrada.

Ingredientes ✳ 1 cucharada de lino dorado ✳ 1/2 vaso de agua

Preparación ✳ Dejar macerando el lino en agua toda la noche.

Uso ✳ Tomar este vaso de agua con lino en ayunas. Los complementos ideales son un yogur bio y unas tostadas untadas con aceite de oliva y tomate.

Parto y lactancia

Uno de los episodios más importantes en la vida de una mujer es el parto y la consiguiente llegada de un hijo al mundo. Los remedios naturales nos ayudan en estos grandes acontecimientos.

Carencias de leche materna

Batido de alfalfa

Aunque la ingesta de plantas medicinales durante el embarazo y la lactancia hay que hacerla bajo prescripción médica, este remedio es totalmente inocuo.

Ingredientes
* Alfalfa fresca
* Miel

Preparación ✳ Para convertir la alfalfa en bebida, es mejor utilizar la batidora que la licuadora. Una vez batida hay que colar el resultado y, si es necesario, añadir un poco de agua. Por último, agregar un poco de miel en el caso de que se quiera endulzar.

Uso ✳ Tomar medio litro al día. La mejoría de la leche se nota al poco tiempo.

Problemas de dilatación durante el parto

Baños con cocimiento de escarola

Esta solución ayuda en la dilatación y se puede complementar con masajes con aceite de almendras en el periné, la zona de debajo de la vulva.

Ingredientes ✳ 1 escarola
✳ 5 l de agua

Preparación ✳ Cocer la escarola en el agua durante 15 minutos, dejar posar otros 15 minutos y a continuación colar el líquido.

Uso ✳ Verter el cocimiento en un barreño ancho, añadiendo agua fría para entibiar. Tomar unos baños de asiento con este agua desde unos 15 días antes de salir de cuentas, durante 10 o 15 minutos, dos o tres veces por semana.

El truco ✳ El laurel también es un antiquísimo remedio para ayudar a dilatar a las embarazadas durante el parto. Machacar el laurel y añadirle aceite de oliva, y aplicar la pasta en el ombligo a modo de cataplasma.

Fluidez de la leche materna

✳ **Con una col podemos conseguir un remedio** que haga que suba y fluya la leche materna cuando se ha cortado. Se toma una hoja externa de col, de las más verdes, y se le quita el nervio. Después se calienta con la plancha, se aplica directamente en la areola de los pezones y se mantiene un rato.

✳ **El vapor de comino** consigue también que la leche materna fluya. Para prepararlo hervir el agua, retirarla del fuego y añadir dos cucharadas de comino. Recibir sobre el pecho afectado las emanaciones de la cocción. Para que el efecto sea concentrado, debe colocarse una toalla entre el pecho y el recipiente del que sale el vapor. La leche fluirá de manera casi inmediata.

*Cuentan de un sabio que un día
tan pobre y mísero estaba
que sólo se sustentaba
de unas hierbas que cogía.*

*¿Habrá otro, entre sí decía,
más triste y pobre que yo?*

*Y cuando el rostro volvió
halló la respuesta, viendo
que otro sabio iba recogiendo
las hierbas que él arrojó.*

CALDERÓN DE LA BARCA

La salud del bebé

Son los reyes de la casa, divertidos y graciosos: los bebés aportan vida y alegría a los hogares. Pero también son los que más necesitan de nuestras atenciones y cuidados, pues están indefensos.

Cólico en bebés

Cocimiento de hinojo

El hinojo, inocuo y efectivo, resulta ideal para combatir el malestar del bebé.

Ingredientes ✳ 1 cucharadita de semillas de hinojo ✳ 1/4 l de agua

Preparación ✳ Hervir las semillas de hinojo en el agua durante un minuto. A continuación, colar el cocimiento y dejarlo enfriar un poco.

Uso ✳ Esta infusión se le puede dar al bebé de dos formas: o bien con la punta de una cuchara, o bien ponerla directamente en el biberón.

El Consejo de la Botica

Es habitual que el culito de los bebés se escueza a causa de los pañales o de la alimentación; una sencilla clara de huevo puede consolarlos. Simplemente hay que batir una clara de huevo y aplicarla directamente en la zona escocida, que deberá estar limpia y seca. Dejar actuar durante varias horas.

Masaje para bebés inquietos

Cuando un bebé empieza a llorar sin motivo aparente puede deberse a un dolor de tripa o un cólico. Un masaje con aceite de almendras dulces le reconfortará. Se le quita la ropa al bebé y se le da un masaje con el aceite en el bajo vientre, que le relajará y le refrescará.

Fiebre en bebés

Cataplasma de arcilla

Excelente remedio contra el aumento brusco de la temperatura en los recién nacidos.

Ingredientes ✳ Arcilla ✳ Agua

Preparación ✳ En un bol, se mezclan un poco de arcilla y el agua necesaria para conseguir un barro consistente. Seguidamente se deposita sobre una gasa.

Uso ✳ La cataplasma debe aplicarse en el bajo vientre del bebé.

Molestias por la salida de los dientes

Papilla de avena

La avena calma a los niños en período de dentición, además de reforzar el esmalte de los dientes.

Ingredientes ✳ Avena ✳ Leche

Preparación ✳ Se pone en un bol avena con leche y se deja en remojo toda la noche. Al día siguiente, se tritura y se le da al bebé.

Uso ✳ Tomándola se evitará el malestar general típico de esa etapa de su vida.

"Traductor" de llantos

✳ Cuando el lloro es **enérgico** y desconsolado el niño suele tener hambre.

✳ Si es **bajito** y monótono debe de estar incubando alguna enfermedad.

✳ Cuando lanza uno de sus lamentos intensos y **agudos**, suele provenir de un dolor intenso, como el de oídos.

✳ Si se **dulcifica** un poco y al rato **vuelve** a llorar, seguramente se tratará de un cólico de lactante.

Enfermedades infantiles

La fiebre, unas anginas o un simple flemón pueden ocasionar más de un dolor de cabeza a los padres. Son dolencias sin gravedad que, con un remedio apropiado, suelen ser fáciles de resolver.

Flemón

Higo paso hervido en leche

Alivio para el dolor y las molestias de los flemones que sufren algunos niños.

Ingredientes * 1 higo paso
* Leche

Preparación * Poner un higo paso en leche hirviendo. Cuando se ablande, sacarlo y partirlo por la mitad.

Uso * Aplicar directamente sobre el flemón, en el interior de la boca.

El truco * Para combatir el dolor de muelas infantil se puede usar clavo, un producto inofensivo para los niños. Ponerlo en la muela y apretar.

El Consejo de la Botica

Nada como el calor para que desaparezca el dolor de oídos en los niños.

Antes de ir a la cama, ponerle al niño unos calcetines gordos de lana o algodón en los pies para que duerma toda la noche. El dolor de oídos habrá desaparecido a la mañana siguiente.

Tos en los niños

Infusión de orégano

Esta hierba tiene, además de grandes virtudes culinarias, un uso curativo.

Ingredientes * 1 cucharadita de orégano * 1 tacita de agua

Preparación * Llevar el agua a ebullición y al retirarla del fuego añadir el orégano. Dejar reposar la solución y, a continuación, colarla.

Uso * Como es para niños, para endulzar esta infusión, se puede añadir una cucharadita de miel, mucho mejor si es de tomillo o de eucalipto.

Fiebre infantil

Compresas de agua fría y arcilla

Solución rápida y sencilla para bajar la fiebre en niños enfermos.

Ingredientes ✳ Agua fría
✳ Arcilla

Preparación ✳ Se empapan las compresas en agua fría y arcilla.

Uso ✳ Se colocan sobre la frente, la nuca y el bajo vientre hasta que remita la fiebre.

Anginas inflamadas

✳ Un remedio para combatir las anginas es calentar **un poco de sal marina** y rellenar un saquito de tela con ella. Colocar en el cuello del niño y fijarlo con una bufanda. Lo importante es evitar que se vayan el calor y los vapores que desprende la sal marina.

✳ Otro remedio consiste en **masajear los antebrazos, desde la muñeca hasta el codo**, con aceite de oliva. El masaje se efectúa con el dedo pulgar, como si se fuera arrastrando un nudo, cada vez un poco más fuerte. Al cabo de 4 o 5 minutos se notará cómo la dureza de los músculos del brazo va disminuyendo y, a su vez, las anginas se irán aplacando.

Diarrea infantil

Las diarreas son uno de los mayores quebraderos de cabeza para los padres. Los bebés y niños que las sufren se ponen perdidos y quedan exhaustos, además del susto que nos causan. Este trastorno debe tratarse rápidamente para evitar la deshidratación.

Frenar la diarrea

Caldo de zanahoria y arroz

La zanahoria y el arroz son dos ingredientes básicos que ayudarán a frenar la diarrea.

Ingredientes ✳ 4 zanahorias ✳ 1 taza de arroz ✳ 5 o 6 tazas de agua

Preparación ✳ Se hierven el arroz y las zanahorias en el agua durante 20 minutos y se deja reposar.

Uso ✳ En caso de niños muy pequeños, darles sólo el caldo; si son algo mayores, es preferible el puré. Independientemente, repartir el resultado de la cocción en tres tomas.

Falta de minerales por diarrea

Suero de zumo de limón y de uva

Además de cortar la descomposición, esta fórmula aporta minerales al cuerpo.

Ingredientes ✳ 1 limón ✳ 100 g de uva ✳ 1 cucharada de miel ✳ 1 pizca de sal ✳ 1/2 l de agua mineral

Preparación ✳ Mezclar el zumo del limón y la uva, la miel y una pizca de sal con el medio litro de agua mineral.

Uso ✳ Tomar a sorbitos, con frecuencia, mientras dure el problema.

El truco ✳ El estreñimiento infantil se puede combatir estimulando levemente el culito del niño con una ramita de perejil y aceite de oliva.

Hidratación tras la diarrea

Clara de huevo con limonada

Este remedio para niños con diarrea los hidrata y hace que se recuperen. En el caso de que ésta persista, es recomendable acudir al médico rápidamente.

Ingredientes ✳ 1 clara de huevo ✳ 1 chorrito de limonada o gaseosa

Preparación ✳ Batir la clara de huevo y mezclarla con la limonada.

Uso ✳ Darle al niño una o dos cucharaditas al día.

Lombrices intestinales

✳ El rechinar de dientes, mover el culito de forma inquieta o tocarse la nariz son síntomas de las lombrices intestinales en los niños. Mezclando una **infusión de tomillo con el zumo de una zanahoria**, se consigue una solución para acabar con estas lombrices.

Administrar el producto resultante al niño en ayunas durante 9 días.

✳ Otro remedio, muy sencillo y utilizado desde hace siglos por nuestros antepasados para acabar con las lombrices, consiste en untar **un bastoncillo con un poco de aceite de oliva** y aplicarlo en el ano del niño.

Escolares

La llegada de la escuela abre un mundo de nuevas experiencias en el universo infantil. Sin embargo, el ingreso en esta nueva etapa de la vida puede traer también pequeños problemas de fácil solución.

Enuresis

Infusión de barbas de maíz

Las barbas del maíz poseen una importante acción diurética. Juntándolas con anís se elabora una infusión que evita que los niños se orinen en la cama.

Ingredientes ✳ 1 puñado de barbas de maíz ✳ 1/2 puñado de semillas de anís ✳ 1/2 l de agua

Preparación ✳ Poner a hervir en el agua las barbas de maíz y las semillas de anís. Cuando hierva, retirar del fuego y dejar reposar durante 10 o 15 minutos.

Uso ✳ Tomar la infusión tres veces al día, antes de cada comida. En caso de que sea necesario, esta infusión puede endulzarse con un poco de miel.

El truco ✳ Los efluvios del lúpulo tienen una acción tonificante sobre la vejiga y evitan la enuresis. Un saquito de algodón lleno de lúpulo y puesto bajo la almohada del niño durante el sueño es un buen remedio.

Piojos y liendres

Masaje con vinagre de sidra y esencia de tomillo

El vinagre es una poderosa arma para acabar con estos molestos intrusos tan comunes en el entorno escolar.

Ingredientes ✳ 1/2 taza de vinagre de sidra ✳ 7 gotitas de esencia de tomillo

Preparación ✳ Mezclar bien el vinagre de sidra y la esencia de tomillo.

Uso ✳ Masajear con la mezcla la cabeza todas las noches y dejar un gorro puesto al acabar. Tras unas horas, quitar el gorro y pasar un peine de púas pequeñas. En unos días habrán desaparecido tanto los piojos como las liendres.

Incontinencia urinaria

Masaje renal

Después de dar el masaje, es importante mantener la zona renal caliente, con ropas de algodón.

Ingredientes ✳ Aceite de almendras ✳ 1-3 gotas de esencia de tomillo

Preparación ✳ Se mezclan el aceite de almendras y la esencia de tomillo.

Uso ✳ El masaje hay que darlo en la zona de los riñones, haciendo círculos hacia fuera con los dedos, primero lentamente, luego de forma más vigorosa. A continuación, el masajeado se pondrá boca arriba y se repetirá la acción en la zona de la vejiga.

Hiperactividad infantil

✳ Se puede mitigar con **un cocimiento de peladuras de manzana.** Hervir durante 5 minutos las peladuras en medio vaso de agua y dejarlo entibiar. Darle al niño una tacita al día.

✳ Es aconsejable que **tomen avena,** pues fortalece el sistema nervioso.

✳ También ayuda **una perla de aceite de onagra** antes de cada comida. Mezclada con zumo, se disimula su sabor.

✳ **Las chucherías y las bebidas carbonatadas** pueden ser una de las causas de la hiperactividad. En consecuencia, deben eliminarse.

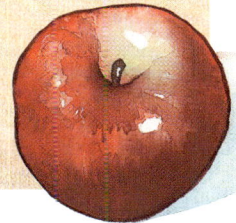

Estudiantes

Los mecanismos de fijación de la memoria trabajan por la noche. Así pues, las mañanas son el momento más apropiado para alimentar el cerebro de aquellas personas que están estudiando.

"Bloqueo mental" del estudiante

Infusión de pasiflora

El "bloqueo mental" atenaza a muchos estudiantes en pleno examen. Para prevenirlo nada mejor que la pasiflora, con sus propiedades sedantes y antiespasmódicas.

Ingredientes ✳ 1 cucharada de pasiflora ✳ 250 ml de agua (1 vaso)

Preparación ✳ Llevar el agua a ebullición y retirarla del fuego. Añadir la pasiflora y dejarla reposar unos minutos antes de colarla.

Uso ✳ Deben tomarse tres infusiones al día.

Estudiantes en época de exámenes

Hígado encebollado

El hígado ayuda al estudiante a adquirir un buen tono mental y físico, debido a su contenido en nutrientes y ácido fólico. Es el alimento indicado para mejorar la memoria.

Ingredientes ✳ Hígado ✳ Cebolla ✳ Aceite de oliva

Alimentos para las neuronas

En época de exámenes, el estudiante necesita un aporte extra de minerales y nutrientes que ayudarán a su cerebro a trabajar a pleno rendimiento.

✳ **Fósforo**: pescado azul.

✳ **Potasio**: pollo, lácteos desnatados, albaricoques, naranjas, plátanos, cereales y nueces.

✳ **Magnesio**: alcachofas, espinacas, germen de trigo y cacahuetes.

✳ **Glucosa de asimilación lenta** (el combustible preferido del cerebro): alubias, lentejas, garbanzos, frutas y cereales integrales.

Preparación ✳ Pelar y cortar cebolla al gusto y dorarla en una sartén con aceite previamente calentado. Mientras tanto, se limpia el hígado y se filetea. Cuando la cebolla esté dorada, se añade el hígado, se tapa y se deja a fuego muy lento hasta que se encuentre en su punto.

Uso ✳ Tomarlo dos veces por semana.

Falta de memoria

Desayuno energético

Esta colación es rica en vitaminas y minerales, cuya falta puede provocar trastornos de memoria, y en glucosa, que se encarga de transportar el oxígeno al cerebro.

Ingredientes ✳ I cucharada de polen ✳ I cucharada de levadura de cerveza ✳ I cucharada de miel de romero ✳ I cucharada de lecitina de soja ✳ I cucharada de germen de trigo ✳ I vaso de leche o un yogur

Preparación ✳ Echar la lecitina de soja, el polen, la levadura de cerveza y el germen de trigo en un tazón de desayuno. Finalmente se añade la leche que puede ser fría o caliente. Si se desea, se puede sustituir la leche por yogur.

Uso ✳ Tomar un tazón cada mañana.

El Consejo de la Botica

Para matar el hambre que aparece a media mañana, el estudiante puede comer un plátano, dátiles, muesli o hasta un bocadillo, pero nada de bollería industrial.

Mujer y menstruación

L a menstruación acompaña a la mujer en edad fértil. Antes y después de la ovulación, se sufren trastornos de diferente magnitud, pudiendo afectar su vida cotidiana.

Dolor menstrual

Compresa de salvado

Este cereal, conocido popularmente como la morfina natural, es una de las mejores opciones para combatir el dolor.

Ingredientes ✳ I bolsita de un tejido natural ✳ Salvado

Preparación ✳ Se llena el saquito de salvado y se pone en una cazuela, pero al vapor, no dentro del agua, durante unos 10 minutos.

Uso ✳ Aplicarlo en el bajo vientre. Se puede fijar la bolsita con una bufanda de lana o algodón, o con una faja, de modo que se pueda seguir con las ocupaciones habituales.

Dolores premenstruales

Cocimiento de corteza de sauce

Este cocimiento, con propiedades analgésicas, es un excelente remedio contra los dolores asociados a la regla.

Ingredientes ✳ 1 puñado de corteza de sauce ✳ 1/4 l de agua

Preparación ✳ Cocer la corteza de sauce en el agua a fuego lento durante unos minutos, dejarlo reposar y colarlo.

Uso ✳ Tomar una taza cuando empiecen a sentirse los dolores.

La naturaleza puede curarnos, sólo tenemos que darle la oportunidad.

ANÓNIMO

Escozor y picor alrededor de la vagina

Aceite de trigo y caléndula

En caso de picores en la vulva también es importante no utilizar jabones agresivos y usar ropa interior de algodón.

Ingredientes ✳ 150 ml de aceite de germen de trigo ✳ 10 g de pétalos de caléndula

Preparación ✳ Calentar una hora al baño María el aceite de germen de trigo con los pétalos de caléndula. Dejar reposar durante 24 horas y colar.

Uso ✳ Aplicarlo por la noche con la mano o mediante una gasa.

Consejos para aliviar las reglas dolorosas

✳ La alimentación influye de manera decisiva en el aparato ginecológico. Es recomendable **tomar alimentos integrales** como harinas y, sobre todo, germen de trigo. Para evitar y combatir los dolores premenstruales y menstruales es importante cuidar la alimentación: deben tomarse **lácteos**, ricos en calcio y magnesio, y disminuir los azúcares refinados.

Las fricciones en el bajo vientre con **aceite de oliva** mitigan el dolor. También el aceite de onagra, que se vende en perlitas, tomado de dos en dos, tres veces al día, reduce el dolor premenstrual. Hay quien utiliza compresas de **sal gruesa**, calentadas en una bandeja de horno, y aplicadas bien calientes.

La **infusión de hierbabuena**, tomada dos o tres veces al día desde 5 días antes de que baje la regla, es una eficaz reguladora.

Mujer y menopausia

Atrás han quedado los días en que la menopausia se veía como el triste y molesto final de una etapa en la vida de la mujer. Sin embargo, hay que prevenir la descalcificación que conlleva.

Osteoporosis

Desayuno rico en calcio y fósforo

Estos minerales son básicos para la conservación de nuestros huesos y dentadura.

Ingredientes ✳ 2 comprimidos de cola de caballo ✳ 2 cucharadas de copos de avena ✳ 4 almendras sin tostar ✳ 1 yogur natural ✳ 1 cucharada de miel

Cómo fortalecer los huesos

Con la menopausia es habitual perder calcio y aumenta el riesgo de padecer osteoporosis. Éstos son unos consejos sencillos para fortalecer los huesos:

✳ Las **semillas de sésamo** son ricas en calcio. Tomar 2 cucharadas antes de desayunar, mezclándolas con yogur. También se puede incluir una cápsula de **jalea real fresca**.

✳ Antes de comer y de cenar, tomar dos perlas de **aceite de onagra**.

Preparación ✳ Reducir los comprimidos de cola de caballo a polvo y mezclarlos con los copos de avena. A continuación, se añaden las almendras troceadas. Por último agregar el yogur y la cucharada de miel, a poder ser de alfalfa.

Uso ✳ Esta mezcla hay que tomarla en ayunas durante 15 días.

Sequedad vaginal

Baños vaginales de milenrama, tomillo y hojas de nogal

Este trastorno, habitual en la menopausia, puede afectar a la vida de pareja.

Ingredientes ✳ 1,5 l de agua ✳ 2 pizcas de milenrama ✳ 2 pizcas de tomillo ✳ 2 pizcas de hojas de nogal

Preparación ✳ Después de hervir las hierbas en el agua durante unos 5 minutos a fuego lento, retirarlas y colarlas.

Uso ✳ Dejar que entibie y, a continuación, aplicar, utilizando una pera de goma: tumbadas boca arriba irrigar el sexo, dejándolo actuar durante 5 minutos. Repetir la operación dos veces al día, una de ellas antes de acostarse.

Descalcificación de los huesos

Salsa de tomate con tuétano

Con este remedio fortaleceremos nuestros huesos mediante los de los animales.

Ingredientes ✳ 5 tomates
✳ Huesos de ternera ✳ 1 cebolla
✳ Aceite ✳ Sal

Preparación ✳ Se pican la cebolla y los tomates y se ponen al fuego con el aceite. Añadir enseguida los huesos de ternera y salar al gusto. Remover bien para que no se pegue hasta que quede bien hecho.

Uso ✳ Esta salsa puede utilizarse para cualquier plato: jamón, huevos, macarrones, etc.

El Consejo de la Botica

Un sencillo remedio para los sofocos de la menopausia es una cocción de salvia y lúpulo. Hervir en medio litro de agua un puñado de salvia, uno de hojas de olivo y uno de lúpulo durante 5 minutos a fuego lento. Después de dejarlo reposar 10 minutos, se cuela a un tarro de cristal. Tomar tres veces al día, una antes de cada comida.

Salud en la tercera edad

Afortunadamente, hoy en día la tercera edad es una segunda juventud para mucha gente. Los achaques y dolencias típicos de los años pueden paliarse con ejercicio y con remedios naturales.

Artrosis

Cocimiento de cola de caballo y raíz de malvavisco

Para combatir la dolorosa artrosis debe empezarse por eliminar en lo posible de la dieta grasas, azúcares, alcohol y carnes rojas. Un cocimiento de cola de caballo y malvavisco será también de gran ayuda.

Ingredientes ✳ Cola de caballo ✳ Raíz de malvavisco ✳ 1/4 l de agua

Preparación ✳ Hervir en agua una cucharadita de cola de caballo y la misma cantidad de raíz de malvavisco durante 5 minutos a fuego lento.

Uso ✳ Tomar una taza tres veces al día, antes de cada comida.

Falta de memoria

Infusión de romero con yema de huevo

Los piñones y las nueces, la soja, el germen de trigo y los productos integrales son beneficiosos para la mente. Ésta es una fórmula que también favorece la memoria.

Ingredientes ✳ Romero ✳ Agua ✳ 1 yema de huevo

Preparación ✳ Llevar el agua a ebullición y retirarla del fuego. Echar a continuación el romero y dejar posar unos minutos. Cuando esté lista, agregar la yema de huevo. Puede endulzarse con miel de romero.

Vivir es algo más que conservarse, vivir es expandirse.

Reumatismo

Alcohol de romero, hipérico, lavanda y árnica

Los dolores articulares y musculares en general desaparecerán con este remedio.

Ingredientes ✳ 20 g de flor de árnica ✳ 20 g de lavanda ✳ 40 g de romero ✳ 40 g de hipérico ✳ 1 l de alcohol de friegas ✳ 200 ml de agua mineral

Preparación ❊ Introducir todos los ingredientes en un recipiente y dejarlo 9 días macerando a oscuras, agitándolo cada noche. Pasado ese tiempo colar mediante una gasa, exprimiendo las hierbas antes de tirarlas.

Uso ❊ Aplicar sobre la zona dolorida, friccionando y masajeando. Si la piel queda algo tirante a causa del alcohol, puede utilizarse tras el masaje el gel hidratante de lavanda.

Poner los pies en agua fría puede ayudar a estimular la memoria.

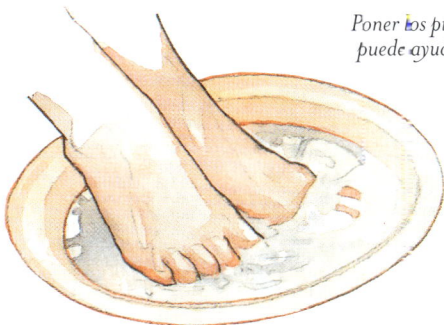

Estímulos de la memoria

❊ **Agua fría para recuperar la memoria.** A veces, con la edad, se pierde la capacidad para recordar pequeños detalles. Un ejercicio para recuperar la memoria consiste en dar un paseo con agua fría hasta los tobillos. Si no es posible hacerlo al aire libre, se puede hacer en la bañera de casa.

❊ **Oxigenar el cerebro.** Para oxigenar el cerebro y lograr que funcione bien, se pueden colocar en la frente paños de agua fría y caliente alternativamente, procurando que mantenga cada uno su temperatura correspondiente. De esta forma se estimula el riego sanguíneo en el cerebro.

Urgencias domésticas

Nuestra casa es el lugar aparentemente más seguro, pero en su interior estamos expuestos a pequeños riesgos ante los que debemos tomar precauciones, especialmente si hay niños.

Golpes en los dedos

Con un huevo podremos aliviar inmediatamente los golpes en los dedos, evitando la hinchazón y el cardenal. En un extremo del huevo, se hace un agujero lo suficientemente grande para que quepa el dedo. Se introduce el dedo dentro y se mantiene allí hasta que el calor que desprende pase al huevo y éste también se caliente.

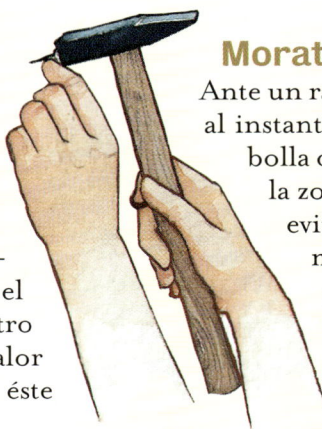

Hemorragia nasal

En caso de empezar a sangrar, lo primero que hay que hacer es sonarse suavemente para evitar coágulos. Luego, echar la cabeza adelante y con los dedos pulgar e índice apretar en la parte carnosa de la nariz, sobre las fosas nasales. Si se aplica algo frío en la nuca, se comprimirán los vasos sanguíneos y la hemorragia cesará aún más rápido.

Quemaduras caseras leves

Enfriar la quemadura con compresas empapadas en alcohol y en agua para bajar la temperatura de la zona afectada. Aplicar alguna pomada antibiótica, oleato de caléndula o pulpa de aloe, y cubrir la quemadura con una venda limpia. A la vez, se puede tomar alguna infusión relajante de sauce o de pasiflora. Cualquier quemadura superior a la palma de la mano debe ser tratada por un especialista.

Moratones

Ante un rasguño o un pequeño hematoma, al instante hay que cortar un trozo de cebolla o berza y ponerlo enseguida sobre la zona con una gasa. De ese modo se evitará la aparición de cardenales y moratones, pues la cebolla es un gran antiinflamatorio (además de un eficaz descongestionante).

En caso de atragantamiento

Un pedazo de carne o un hueso atravesado en la tráquea pueden provocar más de un susto. Conviene conocer la solución tanto para aplicársela uno mismo, como para practicársela a los demás. Estando solo, se ha de poner una toalla sobre el respaldo de una silla, a la altura de la boca del estómago, y apretar con fuerza y de forma seca y violenta, justo debajo de las costillas, hasta que desaparezca la obstrucción. Cuando el afectado es otra persona, se la coge desde detrás por debajo de los brazos, presionando la boca del estómago con las manos y dar un golpe seco y violento.

Astilla clavada en la piel

Una buena fórmula para extraer una astilla clavada en la piel consiste en disolver un poco de sal en agua y poner el dedo en remojo 15 minutos. Pasado ese tiempo la astilla saldrá sin mayores problemas con ayuda de unas pinzas o incluso apretando con las uñas.

Consejos en caso de intoxicación

✳ En los casos de intoxicación, lo primero que hay que hacer es **llamar rápidamente al servicio de socorro** donde aconsejarán el mejor tratamiento a seguir.

✳ Es una buena idea tener en casa un pequeño **botiquín** para este tipo de accidentes domésticos, pero jamás se debe dejar de llamar a urgencias.

✳ **No siempre es conveniente vomitar**; se ha de hacer sólo en el caso de que los servicios de emergencia lo recomienden. El vómito no es recomendable, por ejemplo, en casos de ingesta de lejía.

Se le puede dar al accidentado agua caliente con un chorrito de aceite de oliva, o leche templada, o dos huevos batidos.

✳ Cuando se han ingerido **medicamentos**, sí está recomendado el vómito. Se puede provocar con café y sal, o introduciendo los dedos en la garganta.

✳ Si la intoxicación es por **detergentes, gasolinas o amoníaco**, abrigar al afectado, sentarlo y darle una cucharadita de parafina disuelta en un vaso de agua caliente.

✳ La mejor prevención es tener los productos peligrosos o tóxicos **lejos del alcance de niños y ancianos**, si es posible bajo llave.

Los remedios de la Botica

Cómo aliviar las dolencias más comunes

La anemia

U na mala alimentación puede dar lugar a la aparición de la anemia. Para prevenirla lo mejor es comer adecuadamente y controlar a menudo el nivel de hierro y de glóbulos rojos en la sangre.

Anemia

Sopas de ajo

Una receta de toda la vida que además es buena para combatir este estado carencial.

Ingredientes (para 4 personas) * 1/2 vaso de aceite * 1/2 cucharada de pimentón * 2 l de agua * 6 dientes de ajo * 2 rebanadas de pan duro * Sal

Preparación * Se machacan un poco los ajos y se fríen en aceite. Una vez dorados, se les añade el pan. Fuera del fuego, para que no se queme, se añade el pimentón o, si se prefiere, comino. Se le agrega el agua y se deja hervir una media hora a fuego lento.

Uso * Cualquier momento es bueno para tomar este sabroso plato.

Anemia, colesterol alto

Canapé mexicano de aguacate

Un delicioso tentempié que se puede tomar a cualquier hora.

Ingredientes * 1 chorrito de aceite de oliva * 1 aguacate * 2 dientes de ajo * 3 o 4 gotas de tabasco * Sal * Zumo de limón

Preparación * Se prepara una salsa con los dientes de ajo picados, el tabasco, el aceite de oliva y un poco de sal y limón. A continuación, se mezcla esta salsa con el aguacate troceado, machacándolo todo hasta conseguir una textura de puré.

Uso * Extenderlo sobre trozos de pan.

Alimentos contra la anemia

* **La calabaza contiene muchas vitaminas y ácido fólico**, cuya carencia puede ser motivo de anemia. Se puede tomar una compota de calabaza, manzana, pasas de corinto y orejones en desayunos y comidas.

* Otra receta para combatir la anemia consiste en una **yema de huevo mezclada con limón y melaza de caña**. El resultado de la mezcla debe tomarse tres veces al día, con las comidas, sólo 3 días a la semana. Si se quiere se puede añadir a la leche o al yogur.

Diabetes

El desarreglo por parte del páncreas en la producción de insulina, esa hormona encargada de controlar el paso de la glucosa de la sangre a las células, es la causa de la diabetes. Para controlarla es conveniente una dieta equilibrada y un poco de ejercicio.

Diabetes

Cocción de arandino y zarza

La zarza y el arándano son plantas con gran cantidad de aplicaciones curativas.

Ingredientes ✳ 1/2 l de agua
✳ 5 g de hojas picadas de arandino
✳ 5 g de hojas picadas de zarza

Preparación ✳ Agregar las hojas de zarza y arandino en un recipiente con medio litro de agua. A continuación hervir durante 10 minutos a fuego lento. Sólo queda dejarlo reposar y colarlo.

Uso ✳ Tomar una tacita de esta cocción al día, preferiblemente después de comer.

Desayuna como un rey, come como un vasallo y cena como un mendigo.

DICHO POPULAR

Dieta sana y ejercicio físico

✳ Es recomendable que la mayoría de **grasas que ingieran los diabéticos sean mayoritariamente vegetales**, como las que proporcionan los frutos secos. El resto debe distribuirse en un 70 % de hidratos de carbono (verduras, frutas, etc.) y un 20 % de proteínas (legumbres, pescado, ave, etc.).

✳ Hay que evitar la sal, el té, el café, el alcohol y el cacao. **Los alimentos más recomendados** para los diabéticos son la berza, las vainas, las alcachofas, las hojas de nogal, los ajos o la ortiga.

✳ **El deporte ayuda a mejorar** el control del azúcar en la sangre, disminuye el riesgo de complicaciones a largo plazo y favorece una calidad de vida.

El tipo de **ejercicio más recomendable** para los diabéticos es aquel que suponga un esfuerzo suave y prolongado, como el ciclismo, la carrera suave o, simplemente, el pasear.

Control de la diabetes

Infusión de raíz de ortiga

La ortiga es muy adecuada contra la diabetes; su aplicación en esta dolencia es debida a la capacidad que tiene de reducir la glucosa en la sangre.

Ingredientes ❋ I puñado de raíz de ortiga ❋ I/2 l de agua

Preparación ❋ Hervir la raíz de ortiga a fuego lento durante unos minutos y a continuación retirar del fuego y colarla.

Uso ❋ Tomar esta infusión a base de raíz de ortiga acabada de hacer, cuando todavía esté caliente.

La vida del diabético

Si nuestro cuerpo deja de producir insulina, hay que inyectarse diariamente la necesaria. Esta hormona facilita y controla la entrada del azúcar de la sangre a las células. Para favorecer esta acción los diabéticos deben llevar una vida ordenada y sin excesos, una actitud que, de hecho, es recomendable para todo el mundo.

Alergias y quemaduras

Las alergias no son más que respuestas exageradas de nuestro sistema inmunitario ante determinados estímulos. Aunque lo mejor es prevenirlas, es posible mitigar sus efectos cuando aparecen.

Rinitis alérgica

Jugo de rabanitos

Este remedio hará desaparecer la mucosidad tan típica de la rinitis.

Ingredientes ✳ 1 vaso de agua ✳ 1 chorrito de limón ✳ 1 chorro de zumo de rabanitos ✳ 4 cucharadas de vinagre

Preparación ✳ Hay que mezclar bien los cuatro ingredientes.

Uso ✳ Tomar cuatro vasos diarios durante 5 días; medio vaso si se trata de niños.

Quemaduras

Pomada de saúco

Con la flor de saúco se puede elaborar fácilmente una pomada que cicatriza, desinfecta y drena la zona de piel afectada.

Ingredientes ✳ 1 cucharada de jabón artesano ✳ 1 cucharada de resina de pino ✳ 3 cucharadas de flores de saúco ✳ 5 láminas de cera virgen ✳ 100 ml de aceite de oliva

Quemaduras por el sol

✳ **Una cataplasma de melón aliviará las quemaduras de verano.** Para prepararla, se le quitan las pepitas al melón y se recoge su pulpa, esa pasta gelatinosa que no solemos comer. Con una gasa, aplicar 10 minutos sobre la piel enrojecida. El alivio es inmediato.

✳ **El tomate con bicarbonato es otro útil remedio para las quemaduras.** Mezclar dos cucharaditas de jugo de tomate con una pizca de bicarbonato, aplicar el ungüento en la zona quemada y dejar varias horas puesto.

Preparación ✳ Se pone en una sartén el aceite y las flores de saúco y se deja 50 minutos a fuego lento; el aceite no tiene que llegar a hervir. A continuación, se cuela el aceite y se añade el jabón troceado, la cera virgen y la resina de pino, dejándolos fundir en el fuego durante 5 minutos. Por último, se filtra a un recipiente.

Uso ✳ Una vez solidificado, aplicar con una gasa y dejar actuar unas 24 horas sobre la quemadura o la herida.

Piel enrojecida por las alergias

Cocción de flor de saúco

Este remedio combate los picores, enrojecimientos e inflamaciones de la piel provocados por las reacciones alérgicas.

Ingredientes ✳ 1/2 l de agua
✳ 3 cucharadas de flor de saúco

Preparación ✳ Hervir el agua y nada más sacarla del fuego añadir la flor de saúco. Se deja reposar durante un minuto.

Uso ✳ Con los vapores de esta infusión se alivia la congestión nasal. Pero si se aplica con un algodón sobre la dermatitis, la irritación disminuirá progresivamente.

Las alergias

✳ **Las alergias más habituales** son a los ácaros del polvo, a los gatos y al polen, pero también hay quien sufre alergia a las picaduras de insectos, a ciertas comidas o a algunos medicamentos.

✳ Para tratar y prevenir las alergias **hay que cuidar la alimentación**. Es aconsejable minimizar e incluso eliminar la leche y los derivados lácteos, los panes blancos, los azúcares refinados, las grasas animales, reducir los huevos y añadir a la dieta arroz, legumbres, pan y harinas integrales, verduras como la alcachofa, las carnes magras, etc.

Dermatitis y psoriasis

Son diversas las dolencias que puede sufrir nuestra piel. Algunas de ellas, como la psoriasis, pueden llegar a ser crónicas y muy molestas para quienes las padecen. Su solución radica tanto en la ingestión de alimentos adecuados como en el tratamiento externo.

Dermatitis seborreica

Bálsamo de limón y aceites

Una vez más el aceite y el limón demuestran sus beneficios en nuestra piel.

Ingredientes ✳ I limón ✳ I cucharada de aceite de oliva ✳ I cucharada de aceite de germen de trigo

Aceite germen de trigo

Preparación ❋ Extraerle el zumo al limón y mezclarlo con los dos aceites. Removerlo todo bien.

Uso ❋ Aplicarlo por la noche y lavarse el pelo o la piel a la mañana siguiente, utilizando champús o jabones ecológicos, como el de avena. El aceite de germen de trigo también puede tomarse directamente, tres cucharadas al día.

Tratamiento de la psoriasis

Cocimiento de ortiga, flor de caléndula y llantén

Un baño con este cocimiento mitigará los efectos de la psoriasis.

Ingredientes ❋ Ortiga ❋ Flor de caléndula ❋ Llantén ❋ 2 o 3 l de agua

Preparación ❋ Cocer un puñado de cada planta en el agua durante 10 minutos y colar el resultado.

Uso ❋ Añadir el cocimiento al agua del baño, se puede tomar caliente y a diario.

El truco ❋ La flor de árnica también sirve contra la psoriasis. Mezclarla con aceite de oliva y calentar al baño María durante 50 minutos. Posteriormente dejar reposar unos minutos y colar. Sólo queda untarlo en la zona afectada.

Contra la psoriasis

Desayuno energético

Este desayuno es un complemento alimentario ideal para prevenir la psoriasis.

Ingredientes ❋ 1 cucharada de germen de trigo ❋ 1 cucharada de levadura de cerveza ❋ 1 cucharada de lecitina de soja

Uso ❋ Tomar las tres cucharadas en ayunas.

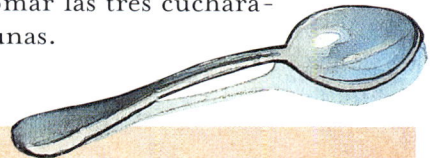

Dermatitis atópica

❋ **Para combatir la dermatitis atópica, debemos evitar** los picantes, el azúcar, el café, las grasas lácteas y sus derivados. Es muy recomendable tomar una cucharada de levadura de cerveza o de germen de trigo y una perla de onagra antes de la comida.

❋ Con **la pulpa de aloe se puede combatir la dermatitis atópica de manera muy efectiva**. Eliminar los laterales de la hoja de aloe vera, donde están las espinas, lavar el resto y abrir con un cuchillo. Extraer la pulpa y untarla por toda la zona afectada por esta dolencia, hasta que sea absorbida.

Picores

Los picores anuncian que dentro del cuerpo hay un desequilibrio, ya sea por una intoxicación, por una infección de la piel, por alguna alergia o incluso por factores psicológicos, como el estrés.

Picores e hiperhidrosis

Remedio del éxtasis

La ortiga abre los poros, la verbena expulsa las toxinas y la flor de saúco favorece la sudoración.

> **Ingredientes** ✳ 1 kg de sal marina ✳ 1 vaso de vinagre de manzana ✳ 1 puñado de bicarbonato ✳ 2 puñados de ortiga ✳ 2 puñados de verbena ✳ 2 puñados de flor de saúco ✳ 5 l de agua

Preparación ✳ Hervir el agua y una vez en ebullición añadir las tres plantas. Dejarlo hirviendo a fuego lento durante 4 minutos, y después colarlo. Sólo queda preparar la bañera con agua a unos 37 °C, echar el cocimiento de plantas, añadir sal marina, bicarbonato y vinagre, y removerlo todo bien.

Uso ✳ Tomar el baño a 37 °C durante 15 minutos. A continuación ir subiendo la temperatura hasta llegar a los 42 °C (un par de grados menos las personas delgadas o con tendencia a tener la tensión baja). Hay que permanecer en este agua caliente unos minutos para acabar el baño con una buena rociada de agua fría.

El Consejo de la Botica

A veces, los picores están causados por picaduras de insectos. En estos casos, se pueden frotar con cebolla o ajo. Otro remedio eficaz para alejar el picor es untar la picadura con bicarbonato y jugo de cebolla.

Picores

Zumo de cebolla, apio y rábanos

Gracias a sus ingredientes, grandes depurativos, este preparado limpia el cuerpo y hace que los picores desaparezcan.

> **Ingredientes** ✳ 1/4 vaso de zumo de cebolla ✳ 1/4 vaso de zumo de apio ✳ 1/4 vaso de zumo de rábanos

Preparación ✳ Se mezclan el jugo fresco de cebolla, el de apio y el de rábanos. Si se quiere, puede endulzarse con miel.

Uso ✳ Tomar medio vaso con los tres zumos en ayunas durante 40 días. Este remedio es un poco fuerte de sabor, así que puede dejar de tomarse antes, si ya ha hecho efecto.

Picores en las manos

Tintura de amapola con leche de almendras

Cuando el picor se concentre sólo en las manos esta tintura es mano de santo.

Ingredientes ✽ 20 ml de tintura de pétalos de amapola ✽ 100 g de leche de almendras

Preparación ✽ Poner en un recipiente la leche de almendras, añadir los tubitos de tintura de pétalos de amapola y mezclar bien. Para la elaboración de la tintura de amapola, seguir los pasos explicados para la tintura de romero en el "Tinte de henna con tintura de romero", en lugar de pétalos de romero, utilizar pétalos de amapola.

Uso ✽ Introducir las manos en un recipiente con la tintura de amapola durante 5 minutos. También se puede aplicar una buena capa en las manos y seguir con las tareas habituales.

Amapola

"Amapola, lindísima amapola
será mi vida siempre tuya sola.
Amapola, amapola.
Cómo puedes tú vivir tan sola."

Golpes, heridas y torceduras

L os pequeños accidentes son el pan de cada día. Aunque a veces no parezcan graves, debemos atender rápidamente estas urgencias imprevistas: un esguince mal curado, por ejemplo, puede convertirse en una dolencia crónica cuya solución sea más complicada.

Golpe en el sacro

Compresa de harpagofito, árnica y cola de caballo

Estos tres ingredientes resultan imprescindibles en el tratamiento de golpes.

Ingredientes ✳ 1 puñado de cola de caballo ✳ 1 puñado de árnica ✳ 1 puñado de harpagofito ✳ 1 l de agua

Preparación ✳ Hervir el harpagofito durante 7 minutos. Después añadir el árnica y la cola de caballo y hervir otros 3 minutos. Dejar reposar fuera del fuego, con un trapo sobre la tapadera para preservar su fuerza.

Uso ✳ Empapar una compresa en el líquido y aplicarla en el hueso sacro, tan caliente como se sea capaz de soportar.

Pequeños esguinces

✳ En caso de sufrir un pequeño esguince, lo primero que hay que hacer es **aplicar agua fría** o, si se tiene a mano, hielo. Ambos reducirán la inflamación y aplacarán el dolor.

Torceduras

Pomada de tintura de árnica

Un buen remedio para torceduras u otras pequeñas lesiones musculares.

Ingredientes ✳ (para la tintura) ✳ 10 g de flor de árnica ✳ 200 ml de alcohol de 96° ✳ 100 ml de agua mineral ✳ (para la pomada) ✳ 3 cucharadas de tintura de árnica ✳ 50 g de lanolina

Preparación ✳ Se maceran los ingredientes de la tintura en un recipiente durante 14 días en un armario, agitándolo de vez en cuando. Pasado ese tiempo, se cuela y se escurre. Para elaborar la pomada se calienta al baño María la lanolina y se le añade la tintura de árnica. El resultado se filtra con una gasa a otro recipiente. Aplicar una vez se haya enfriado y solidificado.

La arcilla puede ser muy útil, pero en caso de no disponer de ella, las patatas también pueden servir. Asar unas patatas y machacarlas en un mortero, cuando se hayan enfriado, preparar una cataplasma sobre una gasa que se aplicará sobre el esguince.

Dolores musculares

Macerado de semillas de aguacate

Del aguacate es bueno todo, incluso la semilla, muy útil para aliviar las mialgias.

Ingredientes ❋ 3 semillas de aguacate ❋ 250 ml alcohol de friegas (70°)

Preparación ❋ Introducir las semillas de aguacate en un recipiente con el alcohol de friegas y dejarlo macerando entre 7 y 15 días. Cuando haya tomado un color té o *whisky* puede colarse y utilizarse.

Uso ❋ Dar friegas con el macerado en la zona dolorida.

Lesiones musculares

❋ Es necesario un **descanso** de la zona afectada por la lesión.

❋ Aplicar **hielo**, con cuidado de que el frío no dañe los tejidos.

❋ Realizar un **vendaje** consistente para mantener los ligamentos en su sitio.

❋ La **elevación de la extremidad** permitirá que la parte lesionada drene y reduzca la inflamación.

❋ También se puede bajar la inflamación y disminuir el hematoma con una **hoja de berza** aplicada bajo el vendaje.

Alcohol de Romero

Dolor de espalda

E l trabajo, cómo se descansa o la forma como se cogen cosas pesadas pueden dañar nuestra espalda. La columna vertebral es el pilar que sustenta nuestro cuerpo y debemos cuidarla.

Lumbalgia

Cataplasma de berza

Esta cataplasma disminuye las principales molestias del dolor de espalda.

Ingredientes ✳ 1 paño de fibra natural ✳ Hojas exteriores de la col

Preparación ✳ Mejor utilizar las hojas exteriores de la col, que por ser las que reciben la luz del sol poseen más propiedades. Se les quita el nervio central a las hojas porque si no, son muy rígidas para aplicarlas en la espalda. Por último se ponen las hojas en el horno o se les pasa la plancha hasta que estén calientes.

Uso ✳ Aplicar las hojas de berza cuando todavía estén bien calientes sobre la zona afectada y sobre éstas el paño para conservar el calor. Mantenerlo durante una hora y repetir otra vez con hojas nuevas.

El Consejo de la Botica

Para la espalda es mejor dormir sobre colchones de dureza media: deben hundirse ligeramente para acomodarse a la forma natural de la columna vertebral. El colchón de látex y el de futón son los más adecuados.

Masaje para la lumbalgia.

Ejercicios de relajación de los músculos de la espalda

✳ **Apoyar un balón entre nuestra espalda y la pared.** Flexionando las rodillas mientras se mantiene el tronco recto, se hace rodar la pelota que masajeará la espalda. Repetir la flexión de rodillas, arriba y abajo, hasta que se sienta cómo se relaja la espalda.

✳ **Tumbarse en el suelo, cogerse una rodilla** y apretar el muslo hacia el pecho también es un buen ejercicio. Mantener la postura unos segundos y repetir la operación con la otra pierna.

Dolor de cabeza

Sin duda es una de las dolencias más frecuentes. Las causas que la producen pueden ser, entre otras, de origen emocional, por agotamiento, debido a la tensión o por un cambio hormonal.

Dolor de cabeza

Infusión de manzanilla en grano

La manzanilla es un remedio tradicional para aplacar las molestas cefaleas.

Ingredientes ✳ 1 puñado de manzanilla en grano ✳ 1/2 l de agua

Preparación ✳ Echar la manzanilla en agua hirviendo y retirarla del fuego. Tras unos minutos colarla, servir en una taza y añadirle unas gotitas de limón.

Uso ✳ Hay que beberla poco a poco, a sorbos.

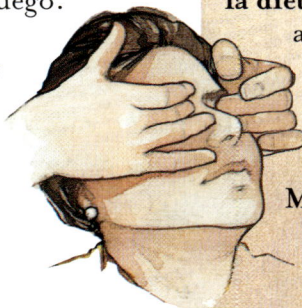

El Consejo de la Botica

A veces, un sencillo ejercicio de respiración y relajación puede ser suficiente para mitigar el dolor de cabeza. Sólo hay que llenar el abdomen de aire, contar hasta cinco y expulsarlo lentamente; lo iremos repitiendo durante 5 minutos.

Combatir el dolor

Alimentos que ayudan:
✳ La **alcachofa tiene un gran valor alimenticio**, es rica en vitamina C, y es un remedio colosal contra los males del hígado. Y como gran parte de los dolores de cabeza tienen su origen en el hígado, la alcachofa puede ayudar a solucionarlos.

✳ Cuando aparece una de esas cefaleas que nos pone la cabeza como un bombo, una buena opción es **incorporar a la dieta vegetales** como la borraja, el apio o los rabanitos.

✳ También **el limón** puede ser de gran ayuda en caso de dolor de cabeza.

Masaje contra el dolor de cabeza:
El dolor fuerte de cabeza se localiza en las sienes, la nuca y la frente. Para tratarlo, existen **tres puntos de masaje** muy efectivos: sobre los ojos, en las sienes y, un tercero, en la base de la nariz.

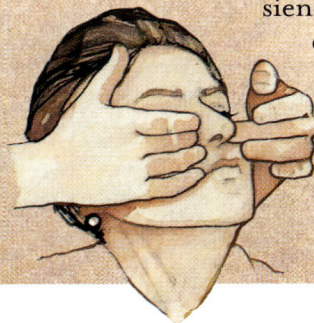

Cefalea

Baño de pies

Un baño de pies puede aliviar o incluso curar el dolor de cabeza, porque con él se favorece la circulación de la sangre.

Ingredientes ✳ 1 cucharadita de mostaza ✳ 1 vaso de agua ✳ 2 puñados de sal marina

Preparación ✳ Disolver la sal y la mostaza en agua caliente.

Uso ✳ Para aumentar la eficacia de los baños de pies sacarlos de vez en cuando y mojarlos con agua fría, para activar aún más la circulación.

Consejos prácticos

✳ Si se está en un sitio cerrado, el dolor de cabeza puede solucionarse **ventilando la habitación**.

✳ Hacer algunos **ejercicios básicos de relajación** o unos estiramientos pueden conseguir que se despeje la cabeza.

✳ Según la **digitopuntura** la punta de los dedos refleja distintas zonas de la cabeza. Aunque parezca una simpleza, golpear los dedos contra la mesa o algo duro puede ayudar a que remita el dolor de cabeza. Por otra parte, si se masajea de un lado al otro la punta del dedo gordo, el dolor de cabeza se aliviará enseguida.

Oídos sanos

E l dolor de oídos es uno de los más difíciles de soportar. Sin embargo el oído es un órgano muy sensible y debemos tener sumo cuidado en la aplicación del tratamiento.

Relajante para el dolor de oídos

Cebolla

Aunque no cure la infección, este remedio calmará el dolor.

Ingredientes ✳ 1/2 cebolla

Preparación ✳ Una vez partida la cebolla por la mitad, se extrae la zona central para crear una cavidad. A continuación se calienta en un horno o al baño María.

Uso ✳ Aplicarla sobre la oreja afectada.

Tapones de cera en los oídos

Lavado de oídos con infusión de manzanilla

No es recomendable introducir elementos extraños en el oído para extraer los tapones.

Ingredientes ✳ Unas gotas de aceite de oliva ✳ 1 puñado de flores de manzanilla ✳ 1 vaso de agua

Digitopuntura

La digitopuntura puede ayudar a superar el dolor de oídos. Hay un punto entre el dedo meñique y el anular que, apretado y masajeado con el dedo índice por debajo y el pulgar por arriba, logra aliviar el dolor de oídos. También la zona equivalente en el pie puede masajearse con buenos resultados.

Preparación ✳ Templar por un lado el aceite de oliva a unos 38 ºC o 40 ºC y, por otro, preparar una infusión de manzanilla, colarla y enfriarla, pues hay que introducirla en el oído.

Uso ✳ Tumbada la persona que sufre el tapón con el oído hacia arriba, echar dentro unas gotas de aceite de oliva, para que ablande la cera. Esperar unos 5 minutos y, a continuación, con el oído hacia abajo y con ayuda de una pera ótica que se puede adquirir en cualquier farmacia, introducir un chorrito de manzanilla. Hay que llegar casi al fondo del oído, pero sin forzar en ningún caso. La cera se desprenderá y saldrá sola.

Dolor de oídos

Aceite de ajo

La combinación del ajo y del aceite de oliva resulta ideal para aliviar el dolor.

Ingredientes ❋ I chorrito de aceite de oliva ❋ 2 dientes de ajo

Preparación ❋ Poner el chorrito de aceite a calentar en una sartén y, a continuación, freír los ajos hasta que queden bien doraditos. Después se cuela el aceite, se espera a que se enfríe y se pone en un frasco con cuentagotas.

Uso ❋ Aplicar dos o tres gotas en el oído. Ha de presionarse un poco la oreja y colocarse un poquito de algodón, mientras se descansa un rato con la cabeza apoyada en el lado contrario.

El Consejo de la Botica

A veces, el dolor de oídos está provocado por un problema dental o de la articulación del maxilar. En este caso, aplicar calor con una compresa o frotar con un paño caliente bajo el pabellón auditivo.

Boca sana

La higiene bucal es muy importante; deben respetarse escrupu-losamente las tres limpiezas diarias. Si no se dispone de cepi-llo, se puede morder una manzana, la gran amiga de la salud.

Mal aliento

Elixir dental casero

Con bicarbonato y perejil puede elaborar-se el mejor dentífrico para sanear y limpiar los dientes y, a la vez, eliminar la halitosis.

Ingredientes ✳ 2 cucharaditas de bicarbonato ✳ 2 cucharaditas de perejil picado ✳ 1 vaso de agua mineral

Preparación ✳ Cortar el perejil muy fini-
to, que quede suelto, y mezclarlo a partes
iguales con el bicarbonato. Echarlo al vasito de agua y tenerlo macerando durante
una hora. Después filtrar.

Uso ✳ Tomar medio vaso del elixir y hacer
un enjuague enérgico pasándolo de una
parte a otra de la boca con
fuerza. Debe repetirse este
proceso después de
cada comida. Este
remedio se com-
plementa con un
enjuague bucal de
infusión de salvia.

Llagas en la boca

Enjuague de zarzamora

La zarzamora, que se encuentra con facilidad
en las orillas de los ríos, en el monte, en los
caminos… es una solución natural para las
heridas bucales, hongos o escoceduras.

Ingredientes ✳ 1/2 l de agua
✳ 10-15 g de hojas y tallos de
zarzamora ✳ 1 pizca de bicarbonato ✳ Unas gotas de limón

Preparación ✳ Introducir la zarzamora
limpia en el agua hirviendo, dejar reposar
10 minutos, a modo de infusión. Después,
colarla en un vaso y añadir limón y bicarbonato.

Uso ✳ Cuando esté tibio, enjuagarse con él
dos veces al día. En pocos días se nota la
mejora.

Herpes labial

Infusión de romero y tomillo

Una solución casera para acabar con un
problema que puede llegar a ser doloroso.

Ingredientes ✳ 1 cucharada de
romero ✳ 1 cucharada de tomillo
✳ 1/4 l de agua

Preparación ✳ Poner el agua al fuego y,
antes de que hierva, añadir el tomillo y el
romero. Enseguida, se retira del fuego, se
deja reposar hasta que se enfríe y se cuela.

Uso ✳ Empapar y escurrir una gasa y aplicarla sobre el herpes. Dejarla puesta unos
minutos para que actúe el remedio; en 3 o
4 días se curará.

Cuidado de la boca

Dentífricos naturales
✳ Entre las muchas **virtudes de la
manzana** está la de actuar como dentífrico y cepillo, pues al morderla se limpian los dientes y las encías. Además,
gracias a sus propiedades depurativas,
combate la halitosis. Se puede tomar
directamente cruda o en compota.

Gingivitis y sarro
✳ Existe un remedio que blanquea los
dientes, reduce el sarro y puede permi-
tir espaciar las visitas al dentista. Para
prepararlo, picar **perejil** y mezclarlo
con **bicarbonato** glasé y carbón vegetal.
Todo ello se añade a un vaso de agua.
Se deja macerar durante una hora y a
continuación se filtra. Utilizar este
macerado como elixir bucal.

Garganta

Por lo menos una vez al año, casi todos nos vemos afectados por un catarro bronquial, a veces acompañado de tos. La zona que sale más perjudicada en la mayoría de los casos es la garganta.

Tos seca

Jarabe de dátiles

Es posible ablandar la voz con un jarabe casero. Los dátiles son ricos en mucílagos y sustancias relajantes que favorecen la expectoración y limpieza de las vías respiratorias.

Ingredientes ✳ 6 dátiles ✳ 1/2 l de leche

Preparación ✳ Abrir los dátiles y ponerlos a hervir en la leche durante aproximadamente 25 minutos, a fuego lento.

Uso ✳ Tomar tres tazas de jarabe de dátiles al día. Al cabo de poco se apreciará cómo la tos se va aplacando.

El Consejo de la Botica

Para combatir las afecciones de laringe se puede preparar un cocimiento de lechuga. Para hacerlo, hervir durante 5 minutos, cuatro o cinco hojas de lechuga en 1/4 de litro de agua. Después de dejarlas reposar colar la solución. Tomar varios vasos al día, haciendo gárgaras con el mismo cocimiento.

Dolor de garganta

Gárgaras con sal marina

Un remedio para los días de invierno, cuando el aire frío y seco irrita la garganta hasta inflamarla, son las gárgaras.

Ingredientes ✳ 1/4 l de agua mineral ✳ 1 pizca de bicarbonato ✳ 2 cucharaditas de sal marina

Preparación ✳ Mezclar el agua mineral con las dos cucharaditas de sal marina gruesa y el bicarbonato.

Uso ✳ Hacer gárgaras prolongadas, por toda la garganta. Con ellas se conseguirá un doble efecto: antiséptico y antiinflamatorio. Es decir, destruir los gérmenes y bajar la hinchazón.

Problemas de garganta: faringitis, laringitis

Gárgaras con cocimiento de zarzamora

La zarzamora, además de curar las llagas bucales, es eficaz en caso de tener problemas en la garganta.

Ingredientes ❊ I puñado de brotes de zarzamora ❊ I chorrito de vinagre de manzana ❊ 1/4 l de agua

Preparación ❊ Hervir la zarzamora en el agua durante 5 minutos a fuego lento. A continuación, colar el líquido resultante, añadir el vinagre de manzana y dejar enfriar un poco el cocimiento.

Uso ❊ Hacer gárgaras con el cocimiento de zarzamora con cuidado de no tragarse la solución.

El truco ❊ Un saquito de harina de trigo o el propio trigo, es un sencillo remedio para aliviar la faringitis y la laringitis, incluso cuando hay ganglios. Para prepararlo, calentar la harina de trigo en una sartén y ponerla en un saquito de algodón. A continuación, aplicar el saquito en la garganta, manteniéndolo hasta que se enfríe.

Resfriados

El catarro es una respuesta del organismo para eliminar toxinas. Sin embargo, debe cuidarse hasta que esté completamente curado, en caso contrario puede tener consecuencias mayores.

Catarro

Jarabe de cebolla

La cebolla nos ayuda a eliminar las toxinas de nuestro cuerpo.

Ingredientes ✳ 1 cebolla grande ✳ 2 vasos de vino blanco ✳ 150 g de miel

Preparación ✳ En un recipiente de barro, echar una cebolla grande, ya pelada y troceada, y añadir dos vasos de un buen vino blanco, dejándolo macerar 24 horas. Pasado ese tiempo, colarlo, templar un poco el líquido resultante al fuego y añadirle la miel, ya sea de mil flores, de tomillo o de eucalipto, así se disolverá fácilmente. Una vez bien mezclado, guardar en un frasco de cristal.

Uso ✳ Tomar medio vasito, cuatro veces al día: en ayunas, a media mañana, a media tarde y antes de acostarse. Seguir el tratamiento durante al menos una semana.

El Consejo de la Botica

El caldo de gallina, acompañado de hortalizas, es el remedio más antiguo y práctico para el resfriado. Pero también es muy útil añadir también algo de picante, ya sea pimienta, rabanitos picantes, guindillas o ajo. Los alimentos picantes eliminan la congestión nasal y la mucosidad del catarro.

Resfriado

Remedio "árabe" de jengibre

El jengibre resulta ideal para combatir los resfriados acompañados de fiebre.

Ingredientes ✳ 1 trozo de raíz de jengibre ✳ 1 l de agua ✳ Miel

Preparación ✳ Se pela y se lamina el jengibre y, a continuación, se introduce en un recipiente con agua hirviendo. Se deja 10 minutos a fuego lento y, pasado ese tiempo, se cuela y se le añade miel al gusto.

Uso ✳ Si se guarda el bebedizo de jengibre en un termo, se podrá ir bebiendo poco a poco durante 8 horas.

Estados gripales

Caldo de borraja

Un remedio infalible para cuando se nos viene encima un catarro o unas fiebres.

Ingredientes ❋ 1 l de agua
❋ Borraja ❋ Aceite ❋ Sal ❋ Limón

Preparación ❋ Lavar y cortar la borraja en trozos y ponerla a hervir en el agua a fuego lento durante 15 minutos con un poco de aceite y sal. Pasado ese tiempo, se la deja reposar otros 10 minutos y se cuela a una sopera, aderezándola con aceite, sal y limón.

Uso ❋ Tomar, a pequeños sorbos, un litro al día, dos o tres veces por semana.

Contra la congestión nasal

❋ **Los vahos de brotes y agujas de pino** ayudan a descongestionar rápidamente. Para prepararlos, hervir un puñado de brotes y agujas de pino en 5 litros de agua a fuego lento durante 4 o 5 minutos. A continuación, verter en una palangana o jofaina y aspirar los vapores del pino con ayuda de una toalla. Entre vaho y vaho meter la nariz en un bol con hielo picado y respirar dentro.

❋ **El alcohol de romero,** aplicado como una cataplasma, también es efectivo contra la fiebre que a menudo acompaña a estos estados gripales.

Asma y sinusitis

Estas dos dolencias afectan directamente a nuestra capacidad para respirar, y pueden presentar distintos grados de gravedad. Además del control médico, se pueden tratar de forma natural.

Asma

Maniluvios de tomillo, eucalipto y malva

Estos lavados curativos poseen propiedades antisépticas, balsámicas y expectorantes.

Ingredientes * 1 vaso de tomillo * 1 vaso de eucalipto * 1 vaso de malva * 5 l de agua

Preparación * Hervir las plantas en una cazuela grande durante 10 minutos, a fuego lento. Dejar templar la infusión.

Uso * Se echa la infusión en un recipiente donde quepan las manos y se masajean en el líquido éstas y los brazos, de abajo hacia arriba, a la vez que se respiran los vapores de estas plantas durante 15 minutos.

Sinusitis

Cataplasma de rábanos

Este remedio reduce la congestión provocada por la sinusitis, dada la abundacia de azufre del rábano y la cebolla.

Ingredientes * 1 cebolla * 6 rábanos

Preparación * Machacar la cebolla y los rábanos en un mortero hasta conseguir una pasta y extenderla sobre unas gasas.

Uso * Aplicar la cataplasma en los senos nasales entre 30 minutos y una hora.

Consejos para tratarlos

* **Sinusitis.** Unos contrastes de temperatura en las manos nos pueden ayudar. Para ello, calentar mucho el agua de un recipiente y enfriar todo lo posible la de otro. A continuación, de manera alternativa, meter una mano en cada recipiente.

* **Asma.** El asma es una afección que puede hacerse crónica y llegar a condicionar nuestra vida. Los asmáticos deben comer mucho pescado fresco, frutas y verduras, harinas y azúcares no refinados. Además, es muy recomendable consumir leches vegetales. También es aconsejable evitar los lugares llenos de humo y, por supuesto, no fumar.

Asma, congestión nasal

Vahos de manzanilla y eucalipto

Los vahos de manzanilla son muy socorridos en estas crisis respiratorias.

Ingredientes ✳ 2 l de agua
✳ 7 gotas de esencia de manzanilla
✳ 1 puñado de hojas de eucalipto

Preparación ✳ Se calienta el agua, se vierte en una jofaina y se le añade la esencia de manzanilla y un poco de eucalipto.

Uso ✳ Para tomar vahos debe taparse uno la cabeza con una toalla y colocarse sobre los vapores, respirándolos durante unos 10 minutos.

El Consejo de la Botica

Cuando las vías respiratorias están congestionadas pueden aparecer los molestos ronquidos. Para evitarlos, o al menos aliviarlos, hay que intentar que las cenas sean ligeras y procurar acostarse transcurrido un tiempo después de comer. Un remedio de antaño es colocar una llave de hierro debajo de la almohada.

Al acabar los vahos, no es recomendable pasar directamente a un sitio frío, sino continuar durante un rato en un lugar húmedo y cálido. Este agua de manzanilla, dejándola evaporar, limpiará el aire de la habitación donde esté.

Tabaquismo

F umar tabaco es un hábito tremendamente nocivo. El humo, la nicotina y el alquitrán hacen que los pulmones se ennegrezcan y pierdan capacidad hasta ser poco eficientes. Sin embargo, el fumador puede regenerarse si deja el tabaco a tiempo.

Tabaquismo

Vino de escaramujo

Con esta fórmula se limpian los bronquios y se reducen esas desagradables toses matutinas que sufren los fumadores.

Ingredientes ✳ 1 puñado de salvia ✳ 1 puñado de corteza de roble ✳ 1 l de vino blanco seco ✳ 5 dientes de ajo ✳ 50 g de escaramujos molidos

Preparación

Poner al fuego el vino blanco y, cuando empiece a hervir, agregar el escaramujo. A continuación añadir la salvia, la corteza de roble y los dientes de ajo pelados. Dejar que hierva durante 15 minutos. Colar y verter en una botella.

Uso ✳ Tomar un vasito a diario antes de las comidas durante 40 días.

Las estaciones

*"Respira el aire, paladea la fruta,
y aprende a disfrutar de lo mejor
de cada estación del año."*

Adiós al tabaco

✳ Una de las primeras cosas que puede ayudarnos a dejar de fumar es una **dieta sana y equilibrada**, rica en frutas y verduras.

✳ Al principio, conviene **suprimir el alcohol y el café**, y reducir las grasas.

✳ La vitamina C es genial para quienes están tratando de dejar este hábito: con este fin, hay que beber **zumo de naranja, de limón o de zanahorias**. El escaramujo también contiene gran cantidad de esta vitamina.

✳ Es conveniente **tomar alimentos integrales, ricos en vitaminas del tipo B**, como el germen de trigo y la levadura de cerveza, que se pueden mezclar con el desayuno.

El Consejo de la Botica

Para calmar las ganas de fumar, nada mejor que llevar en el bolsillo una bolsita con sal. Cada vez que se sienta la llamada de la nicotina, coger un grano de sal y llevarlo a la punta de la lengua. Chupar regaliz es otra forma divertida y muy sana de quitarse "el mono".

Expectorante

Cocción de higos

El exceso de mucosidad es un problema para los fumadores, sobre todo a primera hora del día. Esta cocción es de gran ayuda.

Ingredientes ✳ 1/4 l de leche ✳ 5 higos secos

Preparación ✳ Lavar bien los higos y cocerlos en leche durante 30 minutos.

Uso ✳ Al atardecer, comer algún higo y beber la leche en que se han hervido.

Colesterol

El corazón es el centro propulsor, la bomba de nuestro cuerpo. Para que la sangre circule sin problemas y reparta su combustible por todo el cuerpo, se debe mantener nuestra circulación en buen estado, y por tanto libre de colesterol.

Colesterol

Desayuno con alpiste y salvado de avena

Útil contra el colesterol, un factor de riesgo para sufrir una dolencia cardíaca.

Ingredientes ✳ I cucharada de alpiste tostado y molido ✳ 2 cucharadas de salvado de avena ✳ Zumo de piña

Preparación ✳ Se mezclan bien el alpiste y el salvado. A continuación se le añade el zumo de piña.

Uso ✳ Tomarlo todas las mañanas junto con el desayuno.

El Consejo de la Botica

Los espárragos mejoran la tensión sanguínea alta y otras dolencias circulatorias; sólo aquellos que padezcan problemas de riñón deben moderar su consumo. Asimismo, el contacto con animales de compañía hace que la presión arterial, la frecuencia cardíaca y el estrés se reduzcan.

Canción del corazón

"Corazón contento es el mejor medicamento."

Colesterol y vida sana

✳ Debemos seguir una **dieta rica en fibras, verduras, cereales, legumbres** y frutas, y pobre en grasas animales. Ciertos alimentos, como la manzana, el ajo, el aceite de oliva, las nueces, la borraja, el apio y la soja —con todos sus derivados—, favorecen el control del colesterol.

✳ Para que el colesterol no se acumule en nuestro sistema arterial, **es aconsejable practicar ejercicio**: basta con tres o cuatro veces por semana. Se puede salir a caminar o incluso hacer ejercicio en casa. Tras sudar un poco, nada mejor que una ducha de agua caliente, un poco más fría al terminar, para favorecer la circulación.

Problemas de corazón

Puré de aguacate

El aguacate es un alimento básico para el corazón y los problemas cardíacos, por su abundancia en ácidos grasos insaturados.

Ingredientes ✳ I aguacate ✳ I limón ✳ I chorrito de aceite de oliva ✳ 1/2 ajo ✳ Cebolla

Preparación ✳ Deshacer el aguacate, deshuesado, y añadirle zumo de limón y cebolla al gusto, así como el ajo picado y, por último, el aceite de oliva.

Uso ✳ Es una comida muy completa en cualquier momento del día.

Ácido úrico y colesterol

Vino de perejil

Este vino de perejil está indicado para los problemas circulatorios y el ácido úrico.

Ingredientes ✳ 3/4 l de vino tinto de calidad ✳ 50 g de perejil

Preparación ✳ Mezclarlo todo y dejar que repose en una botella durante I2 días.

Uso ✳ Tomar un vasito después de las comidas.

Problemas de tensión

La tensión es el termómetro de nuestra salud. Es importante llevar un control sobre la presión arterial para evitar males mayores como el infarto de miocardio y la trombosis cerebral.

Tensión alta

Cocimiento de hojas de olivo y espino blanco

Ésta es una saludable manera para regularizar la tan temida hipertensión arterial.

Ingredientes ✳ 1 l de agua ✳ 3 dientes de ajo ✳ 1 puñado de hojas de olivo ✳ 1 puñado de espino blanco

Preparación ✳ Hervir agua y cocer las hojas de olivo y espino durante 3 minutos a fuego lento, dejándolo reposar durante 10 minutos. Todo esto se cuela y se reserva guardándolo en un bote de cristal. A continuación se extrae el jugo de los ajos, ayudándose con una gasa, y se añade al preparado anterior. Si se quiere, puede endulzarse el resultado con un poco de miel.

Uso ✳ Beber en pequeñas dosis un litro diario durante una semana y luego dejar de tomarlo durante otra. Tomarlo de esta forma, en semanas alternas, hasta que la tensión se regularice. De todas formas, es muy importante que en las revisiones periódicas de la tensión se indique al especialista si se toma alguna infusión, pues éste debe tenerlo en cuenta a la hora de diagnosticar un tratamiento.

Tomar la tensión en casa

✳ Existe **un método muy antiguo para tomar la tensión,** utilizando una llave colgada de un hilo y una cinta métrica. Poner el pulgar izquierdo sobre la muñeca derecha de la persona a la que se quiere tomar la tensión. Extender la cinta sobre la mesa en paralelo al brazo. Acercar la llave, moviéndola como un péndulo sobre la cinta. Si la tensión es baja la llave girará sobre su eje al paso sobre los números del 5 al 7. Si se tiene la tensión alta, lo hará al llegar al 10.

Hipertensión

Licuado de perejil y limón

El perejil es un vasodilatador, de ahí que sea beneficioso en casos de hipertensión.

Ingredientes ✳ Perejil ✳ 1 limón

Preparación ✳ Licuar el limón entero, con piel incluida, junto con el perejil.

Uso ✳ Tomar un vasito en ayunas.

Subida de tensión

Baños de manos fríos y calientes

La hipertensión puede aplacarse con este remedio, además de vigilando el sobrepeso, el consumo de tabaco y el colesterol.

Ingredientes * Agua caliente * Agua fría

Preparación * Llenar una palangana con agua a unos 35 °C, y preparar agua mucho más caliente, casi quemando, en una jarra.

La canción del olivo

*"Al olivo, al olivo,
al olivo me subí.
Por coger una rama
del olivo me caí."*

Uso * Para estimular la circulación, hay que introducir las manos en la palangana y mover los dedos sin parar. A continuación se irá añadiendo agua de la jarra para ir aumentando la temperatura del agua de la palangana hasta que casi queme, no dejando en ningún momento de mover los dedos. Al cabo de unos minutos meter las manos bajo el grifo de agua fría. De esta manera se dilatan los vasos sanguíneos, la sangre circula y el corazón se activa. En definitiva, la tensión baja.

Problemas digestivos

Tenemos una tendencia, cada vez más acusada, a comer rápido y de forma desordenada. Pero el acto de comer es muy importante, hay que hacer lo posible por favorecer la digestión.

Colon irritable, colitis

Poción de endrino

Esta fórmula se elabora con un fruto de ciruelo silvestre, un antiespasmódico intestinal que relaja la musculatura del intestino.

Ingredientes ✳ 3/4 de vaso de agua ✳ 2 rodajas de limón ✳ 3 cucharadas de miel ✳ 200 g de endrinos

Preparación ✳ Cocer a fuego lento la miel, los endrinos y el agua durante 30 minutos y dejarlo reposar durante 15 más. Por último, colar la cocción.

Uso ✳ Debe tomarse medio chupito de esta poción varias veces al día.

Contra la acidez

✳ Para combatir la acidez de estómago es aconsejable tomar **manzana** cruda, **calabaza** (en puré, en ensalada o cruda), **berza, col y zanahoria** (ya sea cruda, triturada o entera). Otro remedio es ingerir **agua** a sorbitos cada cierto tiempo, así como descansar sentado después de comer.

Hernia de hiato

Cataplasma de arcilla con jugo de col

Los síntomas de la hernia de hiato pueden mitigarse con este remedio, que puede complementarse con un buen paseo.

Ingredientes ✳ Jugo de col ✳ Arcilla

Preparación ✳ Mezclar el polvo de arcilla con un poco de jugo de col hasta lograr un barro consistente.

Uso ✳ Depositando el barro sobre una gasa, aplicar sobre la zona dolorida.

Problemas intestinales

Los gases que se forman inesperadamente en el tubo digestivo pueden provocar verdaderos dolores. Otros problemas con origen en los intestinos son los divertículos y las úlceras gastroduodenales, causadas muchas veces por el estrés y una alimentación incorrecta.

Divertículos

Infusión de lavanda y anís

Estos productos son de gran ayuda para mitigar el malestar derivado de los divertículos.

Ingredientes ✳ 1/4 l de agua ✳ 1 cucharadita de lavanda ✳ 1 cucharada de anís

Preparación ✳ Llevar el agua a ebullición, retirarla del fuego, agregar la lavanda y el anís y, por último, dejar reposar.

Uso ✳ Tomar una tacita de la infusión antes de cada comida. Es aconsejable aumentar en la dieta diaria los alimentos con fibra.

Úlcera gastroduodenal

Jarabe de regaliz

El palo de regaliz combate eficazmente la úlcera gastroduodenal, incluso puede llegar a soldarla. Este jarabe no es apropiado para hipertensos, embarazadas o diabéticos.

Ingredientes ✳ 1 l de agua ✳ 100 g de regaliz

Preparación ✳ Poner en un jarro el regaliz y el agua y dejarlo macerar 12 horas en un lugar oscuro, para que la planta se ablande. Pasado ese tiempo, poner a calentar en una cazuela durante 7 minutos. Debe hervir para que el agua absorba las propiedades del regaliz. A continuación hay que dejar reposar y colar, pasando el agua a una jarra.

Uso ✳ Tomar dos vasos de jarabe al día, uno antes de la comida y otro antes de la cena, durante el tiempo necesario hasta que el malestar y los ardores vayan cediendo, entre 5 y 8 días, normalmente, y luego ir reduciendo la dosis. Sin embargo, no debe tomarse durante un tiempo prolongado.

Gases

Maceración de tomillo

Existen remedios específicos para combatir los gases como este aguardiente de tomillo.

Ingredientes ✳ 1/4 l de aguardiente ✳ 3/4 l de agua ✳ 1 cucharadita de salvia roja ✳ 1 cucharadita de comino ✳ 2 cucharaditas de tomillo en rama

Preparación ✳ En un tarro de cristal, echar los cinco ingredientes y dejar macerar a oscuras durante 9 días. Pasado ese tiempo, hay que filtrar el líquido y, si se quiere, añadir un poco de azúcar.

Uso ✳ Tomar una cucharadita después de las comidas o cuando se sienta que se tiene el estómago revuelto. A los niños se les puede dar la cucharadita mezclada con agua en una tacita de café. De esta forma cuando se enfríe se habrá evaporado el alcohol.

En este punto del antebrazo está reflejado el intestino.

Cómo eliminar los gases

✳ **Algunas posturas y movimientos pueden ayudar a eliminar los gases** del intestino, como caminar a gatas o colgarse de una barra y dejarse estirar. Existe una posición de yoga muy útil: tumbados boca arriba se flexiona la pierna hasta colocar la rodilla sobre el pecho. Repetir este movimiento varias veces con cada pierna.

✳ **La digitopuntura también es muy útil contra los gases.** Existe un punto en el antebrazo donde se refleja el intestino y que por lo tanto puede ayudarnos con los gases. Pulsándolo se notará que duele. Mantenerlo hasta que se expulsen totalmente los gases.

Estreñimiento

El estreñimiento es una acción perezosa del intestino. Sus causas pueden ser varias, como una dieta rica en azúcares y grasas y baja en fibra. Una de sus consecuencias más comunes son las hemorroides. El remedio es evitar el sedentarismo y comer bien.

Hemorroides

Ungüento de llantén

El llantén, o hierba de las siete venas, ayuda en la mejoría de las molestas hemorroides.

Ingredientes ✳ 1 cucharada de cera virgen ✳ 1 cucharadita de lanolina ✳ 10 hojas de llantén ✳ 100 ml de aceite de oliva

Preparación ✳ Las hojas de llantén deben recogerse en luna llena o cuarto menguante, pues su objetivo es "menguar" las hemorroides. Ya en casa, se pican las hojas y se cuecen a fuego lento en el aceite de oliva durante 30 minutos. Este cocimiento tiene que reposar 24 horas. Pasado ese tiempo, se cuela el llantén y se calienta para añadir los dos ingredientes restantes: la cera virgen y la lanolina, que de ese modo se desharán. Una vez frío de nuevo el ungüento, ya está listo para ser aplicado.

Uso ✳ Aplicar la crema sobre las hemorroides dos veces al día. Es conveniente conservarla en un lugar frío como el frigorífico.

Estreñimiento

Maceración de semillas de lino

Además de emolientes y antiinflamatorias, las semillas de lino son un gran laxante.

Ingredientes ✳ 2 cucharadas de semillas de lino ✳ Limón o miel

Preparación ✳ Echar las semillas en una taza de agua caliente y dejarlas macerar durante 12 horas. Pasado ese tiempo, mejorar el gusto con un poco de limón o de miel. Para evitar su textura gelatinosa puede pasarse por la batidora.

Uso ✳ Tomarlo antes de acostarse.

Combatir el estreñimiento

✳ El **aceite de oliva** tiene propiedades laxantes. Tomar, al levantarse, dos cucharadas de aceite, medio vaso de agua caliente y dos kiwis.

✳ Para **facilitar la evacuación**, al sentarse en el retrete, hay que apoyar los pies sobre un taburete, con la pelvis más baja que las rodillas (como en la ilustración).

Estreñimiento e inapetencia

Mermelada de tomate

El tomate es un producto básico en la dieta mediterránea. Entre otras virtudes, combate el estreñimiento y la falta de hambre.

Ingredientes ✳ 1/2 kg de azúcar
✳ 1 kg de tomates

Preparación ✳ Se lavan, se pelan, se exprimen y se trocean los tomates sin las pepitas. Después se añade una parte del jugo de los propios tomates, según lo densa que se quiera la mermelada. Se pone todo a hervir en un cazo a fuego lento y se agrega el azúcar. Tiene que hervir 45 minutos, removiéndolo continuamente, y reposar 15 minutos.

A continuación, se envasa en un frasco de cristal y se tapa. Si se quiere conservar sólo unas cuantas semanas, se pone boca abajo mientras la mermelada aún esté muy caliente; es lo que se llama una media conserva. Si se quiere conservar durante meses se utilizan tarros de cristal previamente esterilizados y se hierven al baño María durante una hora.

Uso ✳ Además de tomarse en el desayuno, puede acompañar a quesos y formar parte de originales platos.

Hígado y riñón

El hígado tiene muchas funciones: regula el proceso de coagulación, elabora proteínas, metaboliza las grasas y produce la bilis. Por su parte, el riñón es la depuradora de nuestra sangre. Estos órganos son vitales y debemos mimarlos para impedir que enfermen.

Cólico nefrítico

Caldo de raíces de puerros

Este preparado calma los efectos de los ataques de piedra en el riñón.

Ingredientes ✳ 1 puñado de raíces de puerros ✳ 1 cebolla ✳ 1,5 l de agua ✳ 3 ramas de perejil ✳ Aceite ✳ Sal

Preparación ✳ Hervir en el agua las raíces, la cebolla y el perejil, y añadirle aceite y sal cuando ya esté prácticamente listo.

Uso ✳ Tomarse esa cantidad de caldo a lo largo del día. También resulta apropiado acabar la jornada con un baño de agua caliente con un kilo de sal marina disuelta.

Piedras en el riñón

Cocimiento de "rompepiedras"

Además de practicar este remedio, para combatir las piedras en el riñón, puede tomarse agua sulfurosa, zumo de melón y el agua de hervir las cebollas.

Ingredientes ✳ 6 hojas de "rompepiedras" (*lepidium latifolium*) ✳ 2 l de agua

Preparación ✳ Poner a hervir las hojas en el agua durante 15 minutos. Después se deja reposar 30 minutos y se cuela

Uso ✳ Hay que tomar cuatro tazas diarias. A partir del segundo día se empieza a eliminar arenilla y la orina cambia de color.

El truco ✳ El agua sulfurosa, presente en muchos manantiales, es excepcional para los cólicos. Hay que tomar 1 litro diario durante 40 días.

Problemas de hígado

Cocimiento de parietaria

La parietaria es capaz de controlar y mantener a raya la hepatitis.

Ingredientes ✳ 1/4 l de agua ✳ 1 puñado de parietaria

Preparación ✳ Cocer la parietaria en el agua durante 3 minutos a fuego lento y, a continuación, colarla.

Uso ✳ Tomar una taza antes de cada comida.

Afecciones renales

Tintura de borraja

Con la tintura se conservan por más tiempo las propiedades de la planta, y se pueden aliviar las dolencias renales.

Ingredientes ✳ 100 g de borraja ✳ 100 ml de agua mineral ✳ 400 ml de un buen orujo

Preparación ✳ Mezclar todos los ingredientes y dejarlos macerar durante 2 semanas, agitándolos diariamente. Pasado ese tiempo, se filtra y se escurre con una gasa.

Uso ✳ Tomar dos o tres chupitos de esta tintura de borraja al día.

Reúma y artritis

E l reúma es una enfermedad degenerativa que suele aparecer pasados los cincuenta años. Suele afectar a los músculos y nos impide flexionar o doblar los dedos, las muñecas y otras articulaciones.

Reúma

Caldo de puerros

Ésta es una apetitosa manera de eliminar la sensación de frío en los huesos.

> **Ingredientes** ✳ 1 l de vino blanco seco ✳ 12 puerros

Preparación ✳ Quitar a los puerros los tallos y las raíces y poner junto con el vino en una cazuela. Cocer durante 20 minutos hasta que se reduzca aproximadamente a la mitad y el alcohol se haya evaporado.

Uso ✳ Tomar tres o cuatro cucharadas de este caldo al día.

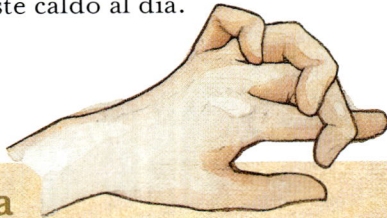

El reúma

✳ **Hay que evitar el consumo de azúcar**, reducir la carne y las grasas animales, y sustituir el vinagre por el limón. La dieta debe ser rica en frutas y verduras.
✳ Es aconsejable también **sentarse en sillas duras**, de madera o de mimbre, y prescindir de los sofás donde se hunda el cuerpo.

Artritis reumatoide

Cocimiento de corteza de sauce y harpagofito

Los ingredientes de este preparado ayudan a paliar los efectos de esta enfermedad.

> **Ingredientes** ✳ 1/4 l de agua ✳ 1 puñado de corteza de sauce ✳ 1 puñado de harpagofito

Preparación ✳ Hervir durante 10 minutos a fuego lento la corteza de sauce y el harpagofito. A continuación, dejarlo reposar otros 10 minutos y colar.

Uso ✳ Debe tomarse tres veces al día, antes de cada comida. Las mujeres embarazadas deben utilizar este remedio con precaución.

✳ **Los ejercicios de estiramiento** son aconsejables para aumentar la movilidad de una articulación y reforzar los músculos. Para los dedos de las manos existen opciones muy sencillas: por ejemplo, esos objetos de goma que se pueden apretar haciendo un poco de fuerza con los dedos. El resto de las articulaciones del cuerpo también pueden ejercitarse moviéndolas con cuidado.

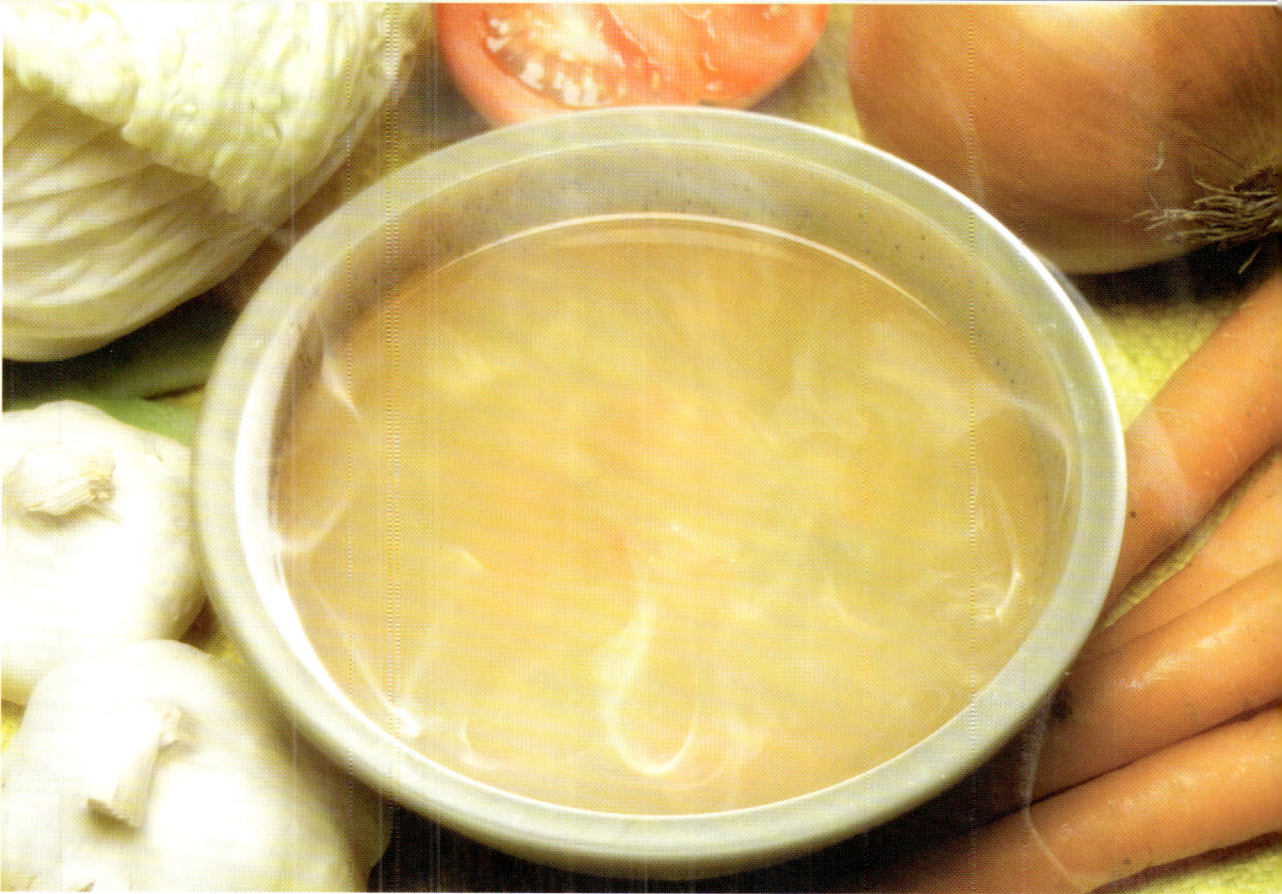

Ácido úrico, colesterol

Caldo de verduras

Este caldo, además de combatir el ácido úrico y el colesterol, embellece la piel.

Ingredientes ❊ 1/2 l de agua ❊ 1/2 cebolla ❊ 1 limón (por toma) ❊ 3 ramitas de perejil ❊ 3 ramas de apio ❊ 100 g de col

Preparación ❊ Picar y trocear todos los ingredientes exceptuando el limón. Hervirlos durante 15 minutos a fuego lento. A continuación, se deja reposar y se cuela. Cada vez que quiera tomarse, se añade al caldo elaborado con las verduras el zumo de un limón.

Sabías que...

La gota era llamada antiguamente "la enfermedad de los reyes", porque al estar causada por el consumo excesivo de carnes rojas, sólo personas capaces de permitirse esa lujosa alimentación la padecían.

Uso ❊ Tomarlo tres veces al día, antes de cada comida. En un mes se habrá reducido el ácido úrico.

Sexualidad y próstata

La impotencia sexual y las dolencias en la próstata son dos de los problemas que más afectan a los varones a partir de una cierta edad. Además de realizar un seguimiento médico, un tratamiento con productos naturales puede ser muy beneficioso.

Impotencia sexual

El secreto de Casanova

Este remedio puede complementarse tomando avena y sésamo mezclado con yogur.

Ingredientes * Chocolate a la taza * Canela * Nuez moscada

Preparación * Preparar un chocolate a la taza y añadirle canela y un poco de nuez moscada, no demasiada, pues es muy activa.

Inflamación de próstata

Cocimiento de semillas de calabaza

Ésta es una buena solución cuando los problemas de próstata son sólo inflamaciones.

Ingredientes * 500 ml de agua * 100 g de semillas de calabaza

Preparación * Hervir en el agua las semillas de calabaza, descascarilladas y trituradas, durante 15 minutos.

Uso * Colar la decocción y tomarla a lo largo del día.

Problemas de próstata

Licuado de perejil, cebolla y limón

Este saludable licuado, tomado cada día antes de desayunar, es útil para reducir la inflamación de próstata.

Ingredientes * Miel * 1 rama de perejil * 1 limón * 1/2 cebolla

Preparación * Se licuan el perejil y la cebolla, y se le añade el zumo de limón. Si así se desea, se le puede agregar un poco de miel para endulzar.

Uso * Tomarlo cada mañana en ayunas.

Falta de pasión

Licor de la pasión

A veces, los problemas de impotencia son psicológicos. Este licor es ideal para una velada íntima con nuestra pareja.

Ingredientes ✳ I rama de canela ✳ IO granos de café ✳ IO clavos de olor ✳ I puñado de romero ✳ I l de vino dulce

Preparación ✳ Se introducen en un tarro todos los ingredientes y se deja 9 días macerando. Pasado ese tiempo, colarlo.

Uso ✳ Tomar medio chupito o uno entero, los más atrevidos, después de cada comida.

No depende de vosotros carecer de pasiones, pero sí depende de nosotros reinar sobre ellas.

J. J. Rousseau

Consejos contra la inflamación de próstata

✳ Tomar una **infusión de barbas de maíz** puede resultar muy beneficioso, pero lo fundamental es controlar la alimentación, eliminando de la dieta los vinagres y picantes y disminuyendo en lo posible las carnes y el alcohol.

Introducción al masaje

El contacto físico es muy positivo para el bienestar emocional y tiene un alto valor terapéutico. Un buen masaje alivia tensiones, mejora la circulación y acelera la eliminación de toxinas.

El masaje facial

La técnica del masaje se puede aplicar a prácticamente todas las partes del cuerpo, incluso la cabeza. Un masaje facial diario puede resultar muy relajante y borrar las huellas del cansancio que, con el tiempo, pueden convertirse en arrugas. Para este masaje se requiere una serie de movimientos circulares por todas las áreas de la frente. Para ello, se utilizan dos o tres dedos, manteniendo las yemas de los dedos planas y ejerciendo una ligera presión. Después, se desplazan las yemas hacia las sienes, repitiendo los mismos movimientos. La tensión mental y la ansiedad, así como el dolor de cabeza, pueden aliviarse aplicando una presión con los pulgares en el extremo interno de las cuencas de los ojos. Debe mantenerse la presión 10 segundos y aflojar, repitiendo este proceso cuatro veces y en otros puntos como las aletas de la nariz y el occipital.

Digitopuntura

Ésta es una técnica milenaria según la cual la mano es una representación del mapa de nuestro cuerpo, nuestros órganos y sistemas. Una estimulación prolongada y correcta de ésta ofrece unos resultados sorprendentes. El punto en la prolongación del dedo índice y el medio, por ejemplo, refleja el riñón; mientras que el de la depresión del centro de la mano, refleja los intestinos.

El automasaje

Uno mismo puede masajearse algunas partes del cuerpo. Las manos son una de ellas. Utilizando aceite, deben estirarse los dedos uno a uno por toda la superficie, y a continuación, reseguir los canales entre los nudillos hacia el interior de la mano. Debe repetirse el mismo movimiento en la palma. Estos automasajes activan la circulación y benefician a todo el cuerpo.

Si cada sentimiento viviese en una parte del cuerpo, es seguro que la ternura tendría su hogar en nuestras manos.

Reflexoterapia

Según esta técnica existen áreas en los pies y en las manos que se corresponden con todas las glándulas, órganos y partes del cuerpo. Sólo en el pie, puede reproducirse todo el cuerpo humano: la cabeza, la columna vertebral, o incluso el aparato urogenital. Masajeando los puntos exactos se pueden aliviar las dolencias.

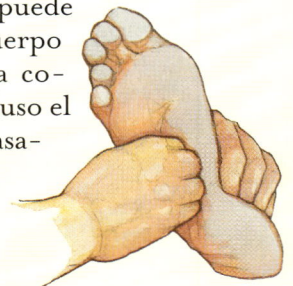

Principios de un buen masaje

❋ Para dar un masaje hay que tener un **ánimo positivo**. Si se está de mal humor, por ejemplo, es mejor abstenerse ya que puede repercutir en el resultado.

❋ Resulta esencial buscar un **ambiente y una postura cómodos**, tanto para el masajista como para el masajeado; siempre sobre una superficie semidura.

❋ **La atmósfera también debe transmitir relajación** y tranquilidad. Hay diferentes maneras de conseguir un ambiente adecuado: mediante luz, música, aromas, etc.

❋ **Debe usarse aceite**. Antes de aplicarse, debe calentarse con las manos para que el cuerpo no tenga una reacción súbita.

❋ Hay que **masajear con afecto y delicadeza**, ayudando al otro a sentir placer con ello. Los movimientos han de ser firmes pero relajantes, guiados por el instinto.

❋ Es importante tener en cuenta que el masaje **podría ser peligroso en caso de desgarros musculares o heridas**.

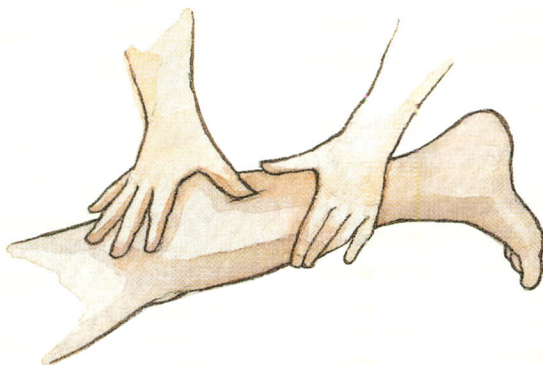

Índice

Índice de remedios

Índice de dolencias

Índice de ingredientes